LES MARCHANDS D'ILLUSIONS

Marie-Jeanne Marti

Les marchands d'illusions

Dérives, abus, incompétences de la nébuleuse « psy » française

MARDAGA

© 2006 Pierre Mardaga éditeur
Hayen 11 - B-4140 Sprimont (Belgique)
D. 2006-0024-05

Remerciements à
Samuel Lézé, anthropologue urbain
Rauda Jamis, psychologue et humaniste

A Karim Douedar, mon compagnon de route

Pour en finir
avec le pouvoir des psys

POURQUOI CE LIVRE ?

En tant qu'ancienne patiente de psy, en tant qu'amie et proche de patients ou d'ex patients et en tant que journaliste, j'ai souhaité faire ce livre de réflexion et de synthèse sur le sujet, un livre qui, pour une fois, donne exclusivement la parole à ceux qui consultent en cabinet « de ville ».

Ni experte ni scientifique et refusant de l'être, je tiens à n'être qu'une observatrice, un rapporteur, afin de dénoncer dans un vaste billet d'humeur, un certain nombre de dérives, de pratiques abusives et d'incompétences de la part d'une nébuleuse — les psys — que je m'astreindrai à définir ici.

Au regard des récentes polémiques[1] autour de la bataille « psychanalyse contre thérapie comportementale », je tiens à clairement me positionner.

Si ma sympathie va aux thérapies de courte durée pour leur mesurabilité et leur efficacité, leur ancrage dans la réalité du patient et que mon expérience et celle de mon entourage m'ont amenée à conclure que la psychanalyse relève davantage d'un acte philosophique que d'une démarche thérapeutique, je précise au lecteur que ce livre n'a pas été écrit pour trancher entre ces deux méthodes, ni en faveur d'une quelconque méthode que ce soit.

Ce livre donne la parole aux patients et souligne les comportements déplacés des thérapeutes de tout bords vis-à-vis de ceux-ci ou de la déontologie de leur profession.

Le sujet de ce livre est aussi le prétexte à dénoncer un comportement bien français qui donne toute la parole et le pouvoir médiatique aux élites intellectuelles et évacue parfois violemment les avis contraires ; aujourd'hui seul les experts ont le droit de s'exprimer et c'est un tort. Lorsque les profanes et les « messieurs et mesdames tout le monde » n'ont pas la possibilité de monter à la tribune publique, soit ils vont chez le psy — et nous verrons ici combien cela est coûteux pour eux dans tous les sens du terme — soit cela aboutit à des votes de protestation dangereux comme celui qui permit à l'extrême droite d'être présente au deuxième tour des élections présidentielles de 2002. La « France d'en bas », lassée de voir la parole lui être confisquée par les élites frappa du poing sur les urnes... un peu trop fort.

Il est curieux de voir dans la littérature actuelle consacrée au sujet combien l'on donne peu la parole aux patients ou anciens patients des psys.

Il y a trois millions de Français en psychothérapie ou en psychanalyse soit 5,2 % de la population.[2] Mais si ce chiffre est donné par une fédération officielle, on l'imagine aisément bien plus important s'il s'augmente des personnes se rendant dans les échoppes plus ou moins louches du développement personnel et des thérapies parallèles.

Les Français sont aussi connus pour être les plus gros consommateurs de psychotropes.

Et il y a quelques temps, l'amendement du député Bernard Accoyer a défrayé la chronique, preuve que notre pays est sensible à cette polémique.

Ces patients sont de mieux en mieux informés, le langage « psy » est passé dans le domaine courant, pratiquement plus personne n'ignore ce qu'est un complexe, un refoulement, une pulsion. Les magazines regorgent de conseils sur le sujet.

Les patients d'aujourd'hui connaissent aussi de nombreux thérapeutes et essaient plusieurs types de thérapies, certains d'entre eux en sont à leur deuxième, troisième, voire quatrième psy si ce n'est pas davantage.

Pourtant, les psys continuent de leur confisquer la parole quant il s'agit de raconter ce qui se passe dans leur cabinet. Ces praticiens écrivent à l'envi, viennent volontiers sur les plateaux de télévision et il semble que le patient, lui, ne soit autorisé à se présenter qu'en tant que malade mais pas en tant que personne agissante, pensante et surtout dotée d'esprit critique. Il n'existe pas de livres de patients ou peu, rarement pour se plaindre d'abus.

Sur 30 années de temps, je n'en ai trouvé que huit, dont la moitié seulement sont franchement critiques, [3]
(Il est en outre amusant de constater que ces livres ont tous été écrits par des femmes).

Ceux qui ont souffert de mauvais traitements thérapeutiques n'osent pas l'avouer, ils ont honte ou il y a prescription, tout se passe comme si l'on avait à faire à un lobby puissant...

Lors d'une émission de télévision, je me rappelle d'un obstétricien racontant qu'il avait été traîné en justice par des parents parce qu'il n'avait pu dépister à l'échographie une malformation du bras chez leur enfant. Cet homme, outre qu'il précisait qu'en tant que médecin il ne pouvait tout prévoir, affirmait que ce type de handicap n'aurait pas justifié selon lui d'une interruption de grossesse et il avait raison. Malgré son honnêteté, sa franchise sur la faillibilité de la science, il avait été rendu responsable par des patients mécontents des « résultats » de la nature ! Un peu comme si, à l'instar d'un fournisseur de jouets, le malheureux obstétricien avait été sommé de remplacer le bras manquant d'une des marionnettes sortant de ses ateliers au titre du service après vente...

Cet épisode, pour excessif qu'il m'apparut alors, fait penser à présent qu'aucun psy n'a, à ma connaissance, été traité de la sorte par un patient. Ce risque juridique, fréquent pour les obstétriciens, les anesthésistes ou les chirurgiens, au point qu'ils prennent de coûteuses assurances pour s'en protéger, est très accidentel chez les psys. Cette catégorie particulière de soignants est-elle à ce point parfaite, puissante ou auréolée de prestige que rares soient ceux qui osent s'en plaindre ? Pourtant, des parents tout aussi pointilleux sur l'intégrité de leur progéniture que ceux décrits plus haut devraient, à juste titre, pouvoir demander des comptes au thérapeute d'un adolescent suicidaire venant de passer à l'acte.

Les psys semblent détenir l'énorme pouvoir de s'en laver les mains. Si vous allez plus mal en sortant de chez eux qu'en y entrant, si vous vous jetez sous le train, ils n'y sont pour rien et n'ont aucune obligation à votre endroit ou à celui de vos proches.

Les dérives, les pratiques abusives décrites ou évoquées dans ce livre, sont de tous ordres : elles vont du très grave comme la manipulation mentale au plus discret — mais non moins fréquent — comme l'abus financier de l'analyste qui laisse son patient s'enliser dans les méandres de son inconscient pendant plus de dix ans sans réels résultats voire une aggravation de son état.

Durant plusieurs années, j'ai entendu des personnes raconter des histoires incroyables sur leurs psys, j'ai même été le témoin de certaines histoires, j'ai suivi d'étranges trajectoires de vie : prescriptions abusives de médicaments, manipulation mentale pour toutes les raisons que l'humain peut inventer, harcèlement sexuel, mauvaise foi, mensonge, incompétence notoire, négligence, transgression d'une prétendue déontologie pourtant affichée par la profession.

Tous ces patients ou ex patients avaient cette attitude résignée et abattue de ceux qui savent que rien ne pourra être fait pour eux, que le crime, plus ou moins grave, plus ou moins lourd de conséquences, dont ils avaient été la victime, ne serait pas puni.

Beaucoup d'entre eux doutaient même du bien fondé de leur plainte, comme ces femmes violées qui doivent prouver leurs dires alors mêmes qu'elles sont les agressées. Pour ceux qui ne se plaignaient pas ou n'avaient apparemment pas subit de préjudice, seule une minorité reconnaissait avoir été réellement aidée par le fait d'être aller consulter. Les patients les plus touchés étaient doublement pénalisés : par la culpabilité de n'avoir pas « réussi à guérir » et par le préjudice subit lui-même.

Preuve de cette méconnaissance du statut du patient de psy, l'émergence très tardive des associations de patients. Alors que la psychanalyse est vieille de plus de 100 ans et que la pratique psychothérapique connaît un véritable essor depuis environ 30 ans, les associations de patients elles, ne voient le jour en France qu'à la fin des années 80[4].

Il fallut attendre 2001 pour que soient enfin évoqués les droits des patients dans une charte en sept points[5].

A QUOI SERVENT LES PSYS ?

Je me suis alors posée la question de savoir à quoi servaient la plupart des psys puisque la plupart des gens que je rencontrai et qui y étaient ou en sortaient ne connaissaient pas d'amélioration ou même s'aggravaient. Je me suis rendue compte que beaucoup de psys eux-mêmes se moquaient éperdument de savoir si leurs patients s'amélioraient, qu'ils étaient plus attentifs à respecter le protocole de cure, à être conforme aux préceptes des instances dirigeantes de leur association de tutelle ou à parader dans les medias. Pour preuve, le succès remporté par le livre « Guérir » de David Servan Schreiber, sous titré « Guérir sans médicaments ni psychanalyse ». Si un tel titre a tant séduit, c'est que la guérison reste rare...

Pour preuve aussi l'engouement incroyable pour les antidépresseurs de la seconde génération[6], soient disant dépourvus d'effets secondaires, utilisés en abondance et très demandés des patients. Là encore, si une quelconque thérapie avait fait ses preuves, cela se saurait dans les laboratoires pharmaceutiques qui ont de très beaux jours devant eux.

J'en ai donc conclu, et c'est ce qui m'a poussée à faire ce travail, que la fonction de psy ne se situait pas dans le champ de la santé mais bien dans celui du contrôle social.

Mon entretien avec Samuel Lezé, anthropologue, m'en a définitivement convaincue. Pourtant, ses travaux ne portent que sur une frange, certes dominante et très influente en France, des psys : les psychanalystes. Sachant que les psychanalystes se répartissent eux mêmes en plusieurs courants de pensée souvent très opposés et qu'ils appartiennent parfois aussi au conseil de l'ordre en tant que psychiatres, cumulant les deux fonctions.

Tout dans la façon de se comporter, indique que cette profession détient en France un grand pouvoir à l'instar du clergé autrefois : opacité des propos, refus de communiquer sur ses propres pratiques mais surtout, refus de considérer le patient autrement qu'à travers le prisme de leur « chapelle ». Le monde des psys, et plus particulièrement celui des psychanalystes est un monde clos, loin des réalités du quotidien des patients. Ces praticiens veillent jalousement à protéger leur science, leur pré carré, leurs rituels. Il y a quelques années, une journaliste, Liliane Sichler, a publié elle aussi une enquête visant à démontrer le pouvoir grandissant des psys dans toutes les institutions françaises.[7]

Son travail montre à quel point les « psys » ont pris depuis une trentaine d'années, le contrôle de la pensée de nos contemporains.

Et pourtant, quoique intervenant trop souvent dans des domaines publics, les psys feignent de ne s'intéresser qu'à la sphère privée, occultant la plupart du temps les conditions de vie du patient, fussent-elles déplorables[8]. Rares sont les psys qui travaillent main dans la main avec les sociologues ou les économistes. Ils seraient même plus prompts à leur donner des leçons.

QUI SONT LES PATIENTS ?

Aucune réelle étude sociologique n'existe à ce jour sur les populations qui fréquentent les cabinets de psys[9]. On a des chiffres sur la prise de médicaments, sur le taux de patients dépressifs qui consultent un généraliste (10 %). Mais il n'existe aucune étude fine sur le niveau social des patients « de ville ». Comme si la sphère de la souffrance psychique (je ne parle pas ici de la maladie mentale traitée dans les hôpitaux psychiatriques) participait d'un monde souterrain, d'une société secrète, au langage et aux codes savamment entretenus par les praticiens.

On sait bon an mal an que les femmes sont plus nombreuses que les hommes à consulter, que les enfants et adolescents, bien souvent symptômes d'un mal être sociétal beaucoup plus large, sont également amenés à la consultation pour « réparation » par leurs parents.

Les blessés de la guerre économique sont également un « créneau » : Harcelés, licenciés, placardisés, préretraités non consentants sont arrivés dans les cabinets dans les années 80, 90. Culpabilisés au début, on les absout aujourd'hui en les transformant en « victimes » que l'on « prend en charge » : « Votre patron est méchant, c'est un odieux pervers il faudrait lui aussi qu'il vienne s'allonger chez moi, mais comme il ne le fait pas, vous allez restaurer la bonne image de vous-même en vous transformant en victime expiatrice du mauvais fonctionnement de la société. Vous serez canonisé sur l'autel du harcèlement moral. Vous paierez vos séances pour les péchés de votre patron. »

Pour tous les patients, le traitement est le même : seul l'individu est responsable de ce qui lui arrive, ainsi les psys contribuent à ne pas remettre en question la société et corroborent l'idée que s'interroger sur son fonctionnement est vain ; moyen commode de passer à côté des vrais problèmes de notre temps. Pire, à les entretenir.

C'est pourquoi ce livre souhaite démontrer qu'un patient en thérapie est hélas souvent un patient qui s'entretient dans une douce illusion : celle qui consiste à penser que ses problèmes viennent de lui-même et qu'il lui suffit de travailler sur ses souvenirs ou ses comportements pour changer sa vie. Même s'il est possible, à la marge, d'améliorer les choses, il serait bon de ne pas perdre de vue qu'un rmiste a deux fois plus de risque de se suicider qu'un fonctionnaire des impôts ou que policier est un métier plus « à risque » dépressif que puéricultrice.

On ne peut pas non plus considérer comme nul le fait qu'un smicard ne s'allongera jamais sur le divan d'un ponte renommé du seizième arrondissement, à 80 euros pour une demie heure, non remboursés.

Quand ceux-ci s'expriment à propos de leur pratique ou de leur patients — et alors que leurs collègues généralistes ont depuis longtemps compris l'impact économique et social sur les pathologies qui se retrouvent dans leurs salles d'attente — on acquiert l'impression à les entendre que seul l'individu isolé compte et que seul existe son libre choix.

Ne peut on s'étonner d'un pareil décalage dans une société d'uniformisation et de mondialisation qui pense de plus en plus fortement au clonage sans oser se l'avouer ?

POURQUOI IL FAUT SE MÉFIER DU « DISCOURS PSY »

Il convient donc de se méfier du « discours psy ». D'abord parce qu'il est omniprésent dans les médias, preuve que ses porteurs sont bel et bien au pouvoir, ensuite parce qu'il ne permet pas à l'individu, contrairement à ce qu'il prétend, de devenir autonome. Ce n'est pas un hasard si les sectes choisissent — entre autres — le canal de cette profession pour mieux recruter. Un individu en thérapie est un individu deux fois fragilisé : par l'histoire qui l'a amené chez le psy (deuil, divorce, mal être diffus...) et par le traitement qui lui est imposé et qui l'éloigne de sa réalité en le faisant entrer dans un moule de pensée qui lui est étranger.

Ce livre n'a pas pour but de jeter le discrédit sur la profession, ni de tenter d'ébranler les fondements de telle ou telle école. On ne peut nier non plus que bien des douleurs humaines soient soulagées par les techniques psychothérapeutiques, toutes confondues. Ce livre ne dit pas que les psys sont inutiles, il pointe du doigt les faux semblants, les hypocrisies et les abus trop fréquents dont la profession se rend coupable.

Ce livre se veut une mise en garde contre un système de pensée totalitaire mis en place par les premiers psys, ceux de l'école freudienne et qui est devenu un mode de vie contemporain. Or en France, l'analyse est le mode de cure le plus répandu, c'est ce qui lui est préconisé le plus souvent.

Non ! Les psy ne sont pas des soignants, des missionnaires, des médecins, des sauveurs, des sages, des conseillers éclairés, des intellectuels à l'avant-garde. Les psys sont autre chose aussi, ce sont et ce, toutes écoles confondues, des régulateurs sociaux, des chantres du bien penser, des modèles comportementaux et cela, moi, me gêne [10].

Ce livre aura plutôt pour propos de démythifier une profession dispensant une certaine vision du monde et qui prend beaucoup trop d'importance, beaucoup trop de pouvoir, pour être totalement objective.

Ce livre vise aussi à remettre les faits à leur vraie place c'est-à-dire dans la réalité sociale de notre époque. Qui sont les patients ? Qui sont les psys ? Derrière le jargon du transfert et du contre transfert, le blabla de la « neutralité bienveillante » ou de la « non directivité » de la « congruence », quels sont les autres rapports humains qui se nouent dans l'espace clos d'un cabinet ?

Ce livre, surtout, rend la parole aux patients. Il leur permet de dénoncer enfin ce qui ne va pas chez les psys depuis plus de vingt ans. Ces patients n'ont jamais pu porter plainte mais n'ont jamais pu non plus se plaindre, ils ont quitté leurs mauvais psys sur la pointe des pieds, parfois dans un état psychique critique et ont du garder le silence et oublier les sommes — parfois énormes — versées, pour solde de tout compte.

NOTES

[1] Sortie du Livre de Jacques Bénesteau en 2002, sortie du « Livre noir » en septembre 2005, polémique autour du retrait du rapport INSERM par le ministre de la santé à la demande de l'école de la cause freudienne. Je détaille ces événements plus loin.
[2] Fédération Française de Psychothérapie
[3] Les huit livres qui donnent la parole aux patients : « Les mots pour le dire » de Marie Cardinal, « Les analysés parlent » de Dominique Fricher, et « Mon analyse est terminée » d'Agnès Bardon. Les seuls témoignages critiques sont : « Le Parti psy prend le pouvoir » de Liliane Sichler, « Le problème avec les psys » de Rauda Jamis, « Le soleil aveugle, existe-t-il des psychanalystes qui rendent fou ? » de Claudie Sandori et, dans un genre un peu plus trouble, « Mon analyste et moi » de Joëlle Augerolles, « Séductions sur le divan », d'Anonyma.
[4] Ces associations sont regroupées, elles, contrairement aux myriades d'association de psys, sous une seule et même bannière la Fnapsy (Fédération nationale des patients et ex patients « psy »). www.serpsy.org/associations/**fnapsy**.html
[5] Charte mondiale pour les personnes en psychothérapie élaborée par la fédération française de psychothérapie (FFdP) à l'occasion de ses états généraux en 2001.
[6] Les inhibiteurs de recapture de la sérotonine
[7] « Le parti psy prend le pouvoir », Liliane Sichler, Grasset, 1997.
[8] Ibidem page 78, un psy à un chômeur qui se rebiffe devant la vacuité d'une formation ANPE obligatoire : « Vous êtes un asocial, vous ne trouverez jamais de travail »
[9] Juste une soixantaine de témoignages de la part de la sociologue Dominique Fricher dans son livre « Les analysés parlent », Stock, 1977.
[10] Elisabeth Roudinesco, membre de l'Ecole de la Cause Freudienne et historienne, utilise ce type de critique pour prétendre que le seul espace de liberté de pensée est sur le divan. Dans « Le patient, le thérapeute et l'Etat » (Fayard, 2004), qui répond à la réglementation de la profession, elle s'en prend aux autres courants psychothérapeutiques qui « formatent l'individu » et assurent un contrôle social. L'on verra dans les pages qui suivent, combien les analystes — surtout lacaniens — n'ont rien à envier aux psychothérapeutes en matière de formatage de la pensée.

Qui sont « les psys » ?

La population psy se répartirait comme suit : 13 000 psychiatres, 36 000 psychologues, 5 000 psychanalystes et 15 000 psychothérapeutes[1].

Mais il est à peu près impossible d'avoir les chiffres exacts : certains psys sont recensés plusieurs fois car ils font simultanément partie de plusieurs associations. Quant aux fameuses associations ou « écoles », elles donnent chacune, des chiffres différents, des versions historiques différentes et un foisonnement incroyable de pratiques thérapeutiques. On s'y perd![2]

On peut s'étonner de la faiblesse des études et des chiffres sur le sujet. Elle est due à plusieurs facteurs :

– d'une part la population psy, comme on s'en rend compte, est extrêmement morcelée et hétéroclite ; elle n'est structurée ni par des courants de pensée bien clairs, ni par une université unique, ni par des courants politiques réels, et commence à peine à être définie par une amorce de législation ;

– d'autre part, les sociologues, comme la plupart des intellectuels du pays, ont peu étudié le sujet car beaucoup de ceux qui auraient pu le faire, se sont retrouvés en cure et n'ont pas souhaité ainsi critiquer[3] — ce qui est leur vocation — un système dont ils « bénéficiaient ».

Enfin ceux qui ont souhaité le faire se sont heurtés à la véritable omerta pratiquée dans le milieu psy, qui, quoique morcelé est fortement hiérarchisé et fermé. Samuel Lézé, anthropologue à l'ENS[4], observe et étudie depuis six ans la population des psychanalystes français. C'est à lui que je dois ce chapitre ainsi que certains des témoignages de patients ici mentionnés. Voici ce qu'il dit des tentatives d'étude de la « peuplade » des psys par les sociologues : « Il y a trente ans, on leur a envoyé des questionnaires pour tenter d'effectuer des études quantitatives et personne, absolument personne n'y a répondu. Moi-même quand j'ai commencé à enquêter, j'ai eu de grosses difficultés à obtenir des témoignages de psychanalystes en leur nom propre. Je suis d'abord passé par "le haut", c'est-à-dire les "chefs d'école". Sur 15 praticiens interrogés, un seul a accepté de le faire en son nom propre, les autres se sont retournés vers leur référent ou superviseur et c'est celui là qui m'a parlé. La seconde fois, je suis passé "par le bas" et mon taux de réponse fut légèrement meilleur : 3 sur 15. »

FREUD, LE PÈRE FONDATEUR

Avant d'aller plus avant dans le détail de la profession, il faut savoir que tous les courants thérapeutiques et ce, dans le monde entier, sont issus d'une seule et même matrice : le freudisme.

Le premier qui a soigné les patients par la parole, c'est Freud.

Charcot n'a utilisé l'hypnose que pour les besoins de l'exploration neurologique. Les premiers qui « inventèrent » le « métier » de psy, furent les freudiens.

Et comme les freudiens étaient analystes, on comprend mieux pourquoi l'école psychanalytique et ses us et coutumes ont laissé une telle marque dans les comportements des psys d'aujourd'hui.

« La France est un pays qui apparaît comme très exotique à bien de nos voisins en matière de soins psychiques, explique Samuel Lézé. C'est un des seuls pays, avec l'Argentine et le Brésil dans lequel la psychanalyse n'est pas en voie de disparition. »

Curieuse exception française, on devrait dire drôle d'évolution. Les courants comportementaux (thérapies courtes, par entretiens, agissant par le conditionnement de l'individu) ont émergé aux Etats-Unis et se sont propagés dans le monde entier, y compris en France. Néanmoins, il demeure un village gaulois qui continue de s'accrocher à son divan, ce sont les psychanalystes.

PSYCHIATRES ET PSYCHANALYSTES, LE HAUT DU PANIER

En France, on a le goût immodéré des diplômes, de l'ancienneté et des médailles en chocolat. Alors les plus influents des groupes de psys — c'est-à-dire ceux qui ont droit de citer dans les médias ou occupent les meilleurs postes institutionnels ou universitaires — sont les plus diplômés et les plus anciens dans la place.

Quant aux médailles en chocolat, tous se les attribuent à qui mieux mieux en s'autoproclamant chefs de telle ou telle école ou spécialiste de telle ou telle pathologie et ce qu'observe Samuel Lézé pour les analystes, semble valable pour tous les autres : « il n'y a pas de socle idéologique commun, la seule unité que les psychanalystes puissent avoir c'est une unité politique. Il peut arriver qu'un membre de l'Ecole de la Cause Freudienne, tienne des propos radicalement inverses à ceux de Miller[5]. Les psychothérapeutes ont émergé dans les années 80, Miller était contre eux il y a peu, aujourd'hui il les défend pour des raisons politiques. »

Pour mieux se repérer dans ce que nous appelons la « nébuleuse psy française », je distingue les grands courants suivants que je classe en fonction de l'importance de leur pouvoir défini ci-dessus :

Arrivent en tête, les psychiatres, qui possèdent un diplôme de médecine. C'est parmi eux que se recrutent les grands patrons hospitaliers, mais la plupart exercent en cabinet libéral. Une bonne proportion d'entre eux se rapproche des associations d'analystes et pratiquent l'analyse.

Seuls les psychiatres dispensent des consultations remboursées par la sécurité sociale. Mais lorsque ces derniers pratiquent la psychanalyse, la plupart d'entre eux ne fournissent plus de feuille de maladie : officiellement, « c'est pour le bien de la cure », officieusement, on peut se risquer à penser que certains en profitent pour travailler au noir (lire le chapitre traitant du fisc et certains témoignages). Les psychiatres sont représentés par l'Ordre des médecins, le Syndicat Français des Psychiatres et l'Association Française de Psychiatrie.

Arrivent ensuite les psychanalystes « pur et durs », non médecins, souvent très fortement diplômés en sciences humaines ou en philosophie, titulaires de chaires universitaires, directeurs de collection dans l'édition, personnages médiatiques, comme leurs « confrères » psychiatres. Ils se regroupent, parce qu'il fait froid dehors quand on n'a pas de diplôme de médecine, autour de plusieurs « écoles » : La Société Psychanalytique de Paris (S.P.P.) l'Association Psychanalytique de France (A.P.F.), le IVe Groupe, L'Organisation Psychanalytique de Langue Française (O.P.L.F.), issue d'un désaccord avec « la passe », lacanienne, il y a aussi la Société Française Psychanalytique (SFP) qui adhère au freudisme original et l'Ecole de la Cause Freudienne (ECF) qui regroupe les disciples de Lacan autour de Jacques-Alain Miller. Néanmoins, aux dires de Samuel Lézé, cette dernière association contient une myriade de dissidents n'osant accomplir leur « coming out » et connaît une division interne et toute officieuse qui opposerait les fidèles du défunt maître et les écartés de sa succession, à son successeur Jacques-Alain Miller.

D'autres sources[6] citent plus d'une vingtaine d'associations et sociétés rivales. Info ou Intox ? Personne n'obtient de vraie réponse. Ce que l'on retient de tout cela c'est qu'une société nouvelle se crée chaque fois que l'un des membres est exclu ou en désaccord, mais cela sans le moindre contrôle de l'état, dans la moindre harmonie. Les sociétés de psychanalystes pullulent tels des champignons au fil des auto proclamations de leurs dissidents.

Pour l'instant, la loi les laisse tranquille puisque l'amendement à l'origine de Bernard Accoyer[7], leur a accordé, en deuxième lecture, au Sénat, de « s'autogérer » : sera reconnu comme psychanalyste et autorisé à exercer tout membre inscrit sur la liste de l'association dont il dépend... et quelle qu'elle soit.

Pour le patient qui passe dans la rue et voit la plaque « psychanalyste », il n'y aucun moyen de savoir — et du reste est-ce indispensable ? — si la personne chez laquelle il est sur le point d'entrer appartient à telle ou telle école, s'il est fâché ou bien très copain avec tel ou tel membre de sa propre association. Du reste, ça n'a strictement aucune importance puisqu'on verra que c'est ce système de clans, d'appartenance et de cooptation lui-même qui est susceptible de générer des abus. L'incompétence et l'absence de déontologie ne se situe pas seulement que du coté des « charlatans », non diplômés.

LES PSYCHOLOGUES,
LA FAC DE LA FRANCE D'EN BAS

La troisième branche rassemble les psychologues, diplômés de psychologie clinique.

L'historique de la législation les concernant ne garantit pas les patients plus que ça du sérieux de la profession, la loi vise à assainir celle-ci pour les générations futures mais comme elle n'est pas rétroactive, il existera, jusqu'à ce qu'ils cessent d'exercer, des psychologues non diplômés qui ont eu la bonne inspiration de poser leur plaque avant 1985.[8]

Ceux qui se sont installés avant cette date se sont arrêtés à la licence, parfois moins. Les psychologues peuvent choisir de soigner par l'analyse ou pas. Dans ce deuxième cas, ils utilisent des méthodes de soins non analytiques, importées des Etats-Unis, largement comportementales.

Ce sont les tâcherons de l'affaire car avant-derniers arrivés dans la course au pouvoir. Leurs diplômes leur donnent accès, dans le meilleur des cas à l'université ou à une direction de collection « pratique » dans l'édition, dans le pire des cas, au SMIC horaire dans une association subventionnée par une collectivité locale.

Ils ne sont pas médecins, ne peuvent prescrire, ni faire de feuille de maladie, mais ont réussi, en prenant leur ticket et en faisant la queue, comme partout en France, à obtenir une « certaine » reconnaissance. Ils se poussent un peu en avant dans les médias, quand leurs collègues psychiatres et analystes veulent bien leur faire une petite place.

Quoique dispensant des services d'une aussi bonne qualité — en tout cas pas pire — que les deux autres catégories, ils sont condamnés à l'exercice d'une psychothérapie de seconde zone ce qui est très injuste étant donné qu'ils travaillent aussi dur, si ce n'est plus, que les psychanalystes qui sont souvent, comme eux, des universitaires issus d'un troisième cycle.

Les psychologues sont représentés par l'Association Nationale des Organismes de Psychologues (ANOP) et le Syndicat National des Psychologues (SNP).

LA TORTUE DE LA FABLE :
LES PSYCHOTHÉRAPEUTES

Le quatrième grand groupe rassemble une population totalement hétéroclite tant par sa formation que par ses origines : les psychothérapeutes. N'importe qui peut se dire psychothérapeute. Aussi un psychanalyste ou un psychologue sont aussi de facto, psychothérapeutes. Le Petit Robert n'en sait pas plus que vous et moi, il énonce qu'un psychothérapeute peut être tout à la fois un psychiatre un psychologue ou plus largement quelqu'un « qui pratique la psychothérapie », la ligne d'en dessous, on lit, à « psychothérapie », aucune définition précise mais un inventaire à la Prévert qui liste différentes formes de thérapies dont la psychanalyse, encore elle...

Parmi les psychothérapeutes, on trouve de tout : infirmiers psychiatriques, personnels du social reconvertis dans la psychothérapie, coachs de tout poil, chantres du développement personnel... [9]

Autrefois totalement méprisés par les autres branches de la profession, souvent assimilés aux « charlatans » par leurs autres confrères, ils ont obtenu le titre de « psychothérapeute » et les règlements qui le sous-tendent, donc la reconnaissance de l'Etat, sous la bannière de la Fédération Française de Psychothérapie et par la validation de leurs acquis professionnels qui a donné lieu à la loi du 9 août 2004, laquelle attend le décret pour être appliquée. Jusqu'à cet heureux jour, le site de la FFdP lui-même ne peut qu'être très vague sur les prérequis pour se donner le titre de psychothérapeute : des « études approfondies », une cure préalable, la signature de la « déclaration de Strasbourg », tout aussi vague. Bref une mascarade destinée à asseoir la réputation de quelques milliers de personnes, des plus honnêtes aux plus dangereuses pour se partager avec leurs confrères ci-dessus, un marché dont je chiffre approximativement le montant au chapitre « psy business ». En cela, ils ont joué plus finement que les psychologues en matière de reconnaissance juridique mais côté sécurité des patients, on peut douter encore.

Là aussi nous retrouvons nos psychothérapeutes au sein de pas moins de quatre associations professionnelles interdisciplinaires (non spécialisées dans telle ou telle méthode ou modalité), à savoir : le PSY'G (Groupement Syndical des Praticiens de la Psychologie, Psychothérapie, Psychanalyse), le SNPPsy (syndicat National des Praticiens de la Psychothérapie), la FFdP : (Fédération Française de Psychothérapie), l'Affop, (Association fédérative française des organismes de psychothérapie)...

CE QUE LE PATIENT DOIT RETENIR DE TOUT CELA

1/ Mis à part les psychiatres, personne en France ne peut se dire assermenté pour soigner quiconque.

2/ Il n'existe de cadre juridique solide que pour les psychologues et les médecins.

3/ Un analyste, tout connu et socialement bien placé soit-il, ne peut en aucun cas se distinguer juridiquement d'un psychothérapeute.

4/ Les seules distinctions que l'on observe dans cette population sont les postes occupés par les psys, leur appartenance sociale, leur fortune personnelle, le réseau de leurs relations.

5/ L'ensemble de cette population est régie par un système d'appartenances à des associations et écoles, très hiérarchisé et codifié qui engendre lui-même des phénomènes de cooptation. On peut vraiment parler de système clanique, je le détaille dans le chapitre dédié « aux pratiques psys, des pratiques totalitaires. »

6/ Les « charlatans » auxquels on fait la chasse depuis quelques mois et qui seraient responsables de tous les maux et de tous les débordements de la gent « psy », peuvent, si l'on regarde bien, se cacher à peu près dans toutes les catégories sauf celles de psychologue et de psychiatres, encore qu'il est parfaitement possible pour ceux là d'être obsédés sexuels ou « recruteurs » pour une secte quelconque, Raël comptant bien parmi ses membres des spécialistes en génétique...

Pour autant, on verra dans ce livre que ces deux catégories ne sont pas épargnées par les débordements qui égalent bien celui du charlatanisme puisque ce sont les professions *où l'autorité est la plus grande et donc pour lesquelles l'abus est fréquent.*

NOTES

[1] Chiffres donnés par l'Express du 18/12/2003 dans « Les psys font de la résistance » par Marie Huret.
[2] La MILS (Mission interministérielle de lutte contre les sectes) signale dans son rapport de 2000 que « le nombre de quinze mille psychothérapeutes en France pourrait doubler dans les dix années à venir ». La MILS estime également « à plusieurs centaines » les différentes techniques de psychothérapie, qui peuvent s'effectuer soit individuellement, soit collectivement, en famille, ou en groupe. Cette croissance indique-t-elle que l'on s'attend à plus de consultations ? Ou bien le développement de la profession induira-t-il plus de troubles ?
[3] xception faite du sociologue et normalien Robert Castel dans son ouvrage « Le psychanalysme » paru en 1976, La découverte. Il a été le premier à dénoncer l'abus de pouvoir et le travestissement du message « pour le bien du patient ».
[4] LEZE Samuel, « Le travail des psychanalystes », in : *Face à Face*, n° 6, 2003
LEZE Samuel, Compte rendu de : Markos Zafiropoulos. *Lacan et les sciences sociales, Le déclin du père (1938-1953)*, PUF, 2001, dans *L'Homme*, 163/2002 : 250-51
[5] Jacques-Alain Miller, 60 ans, Normalien, psychanalyste, fondateur et chef de file de l'Ecole de la cause freudienne, directeur du département de psychanalyse de Paris-VIII.
L'école de la cause freudienne est une société de psychanalyse très en vue de l'intelligentsia parisienne. Jacques Alain Miller est gendre de feu Jacques Lacan, son fondateur et pour frère Gérard Miller, psychanalyste lui-même, homme de médias et journaliste au magazine « Psychologies... »
[6] Site de la FFdP : http ://www.psychotherapie.asso.fr
[7] Bernard Accoyer est médecin ORL, député UMP de Haute-Savoie, auteur d'un amendement déposé en octobre 2003 pour réguler la profession de psychothérapeute.
[8] Historique de la législation de la profession de psychologue :
1) jusqu'en 1985 : pas de volonté de légiférer : est psychologue qui veut. Puis parution de la loi n° 85-772 du 25 juillet 1985 (art. 44) qui prévoit qu'un décret fixera la liste des diplômes permettant de se prévaloir du titre de psychologue, mais il faut un décret d'application.)
2) ce décret est publié en 1990 (décret n° 90-255 du 22 mars 1990) : en gros il faut bac + 5 pour être psychologue, le décret n° 96-288 du 29 mars 1996 fixe la liste des DESS le permettant.
3) avec la parution du décret n° 2005-97 du 3 février 2005, modifiant celui de 1990, une licence ou maîtrise de psychologie est exigée <u>en plus</u> des diplômes supérieurs spécialisés pour s'honorer du titre de psychologue et poser sa plaque.

Cette version consolidée du décret est pour éviter que certains psychologues d'occasion n'accèdent à un diplôme de troisième cycle sur simple validation des acquis professionnels sans être préalablement passés par le tamis de la licence et de la maîtrise de psychologie.

[9] Voir le site de la FFdP (http ://www. psychotherapie. asso.fr) qui précise les professions d'origine des psychothérapeutes : 5 à 10 % de médecins, 25 % de psychologues, 20 % de travailleurs sociaux, 15 % d'infirmiers et infirmiers psychiatriques, 15 % d'enseignants ou de formateurs d'adultes.

Les pratiques psy renvoient à des pratiques totalitaires

Les écoles, groupements et autres syndicats de psychothérapeutes se comportent souvent comme autant de partis uniques du bien penser. Rares sont les psys qui recommandent un patient à un membre de la confrérie « rivale » même si ledit patient pourrait y trouver avantage. Lors d'un groupe de parole, un patient suggère : « Il devrait exister des plateformes d'orientation pour les personnes qui consultent, le psychothérapeute chargé de cette orientation pourrait alors conseiller la ou les thérapies les plus appropriées à son cas. »

Sage réflexion qui ne pourrait être suivie que si « l'orienteur » demeure parfaitement neutre et donc désintéressé tant idéologiquement que financièrement.

Or l'histoire et les faits prouvent que les psys, d'une manière générale ne tendent ni le pluralisme de la pensée, ni à l'ouverture.

Force est de constater que les psychanalystes, et plus particulièrement ceux de l'Ecole de la cause freudienne, sont ceux dont l'exemple revient le plus souvent dans les tentatives de coup de force, censure et manipulations diverses. Mais sans vouloir les excuser, on peut imaginer qu'une autre école de psys détenant un pouvoir similaire à celui qu'ils détiennent aujourd'hui dans le pays agirait de même, car ces comportements sont ceux des illégitimes au pouvoir.

ADOUBEMENTS FÉODAUX OU LE TERRORISME DE « LA PASSE »[1]

Chez les analystes, par le biais des cartels lacaniens ou tout autre groupe de formation, les membres d'une même école s'excluent ou s'adoubent les uns les autres appliquant ce terrorisme intellectuel qu'est « la passe ». Ils ont également, même une fois nommés par leurs pairs, devoir de contrôle sur leurs pratiques et sont toujours supervisés par un plus expérimenté qu'eux. Ainsi, face aux tentatives de « normalisation » de la profession par l'amendement Accoyer, notamment de la suggestion de la part du député de donner une supervision nationale unique et officielle à la profession, les psys exigent le droit de rester entre eux avançant pour preuve de leur bonne foi l'acceptation de leur supervision par les membres du sérail. Mais ladite supervision n'est aucunement un gage de sérieux puisque que si « le vers est dans le fruit » qui pourra le débusquer ?

Dans son livre « changements » Paul Watzlawick[2] explique très bien la malhonnêteté intellectuelle de la « passe » psychanalytique. Il met en évidence le mécanisme paradoxal qui emprisonne le futur analyste postulant dans un ordre de type « sois spontané ». Un ordre similaire d'ailleurs, précise Watzlawick, à celui généré par les dictatures de tous bords exigeant de leurs opposants politiques qu'ils signent une liste impressionnante d'aveux abominables « de leur plein gré ». Un futur analyste se doit d'effectuer une cure dite « didactique » visant à la fois à le débarrasser des névroses qui pourraient le gêner dans sa pratique future mais aussi à l'instruire de la technique psychanalytique proprement dite. Or les moyens de la cure psychanalytique pour parvenir au but consistent en des « associations libres », pour faire plus simple, l'analyste postulant doit dire ce qu'il pense en séance. Néanmoins, il a également envie de devenir psy donc il s'emploie à se montrer conforme à ce qu'on attend de lui. Ce qui revient à ne pas toujours dire ce qu'il pense. Le voilà piégé. S'il dit ce qu'il pense à son analyste, il prend le risque que ce qu'il dise ne soit pas tout à fait conforme à ce qu'on attend de lui en tant que futur praticien, en revanche, s'il contrôle ce qu'il dit, il hypothèque ses perspectives de changement et donc du même coup ses chances de devenir psy. Cas typique de l'opposant politique pris dans l'étau du pouvoir pour lequel l'obéissance ne suffit pas et la désobéissance est proscrite.

Suite à ce genre d'épreuve, Jacques Bénesteau signale le cas d'une jeune analyste lacanienne, Juliette Labin, qui se suicida en mars 1977.[3]

On conçoit que dans un pareil contexte, toute innovation de pensée soit bloquée, que la terreur et le conformisme règne au sein des écoles. Le patient là dedans ? Il passe au second plan.

Pareillement, Samuel Lézé explique que les rapports entre le superviseur et le supervisé sont générateurs d'abus de tous ordres car c'est la relation analysant-analysé la plus imprégnée d'autorité.

Les abus financiers sont difficilement évitables puisque la séance de cure avec un patient ordinaire se monte à 80 euros environ alors qu'un superviseur peut demander jusqu'à 120 euros à son « poulain ». Il a donc tout intérêt à retarder au maximum la date fatidique de « la passe » afin de maintenir le plus longtemps possible son supervisé dans la sujétition. Entre eux, les psys appellent ce genre de personnage « le psy l'Oréal », « parce qu'il le vaut bien ».

Les abus sexuels quant à eux, sont classiques, tout comme avec les patients. Ce sujet est d'ailleurs si vaste et si révélateur du comportement des thérapeutes, qu'il sera exploré plus à fond au chapitre traitant de la vie privée des psys.

Une autre forme d'abus, signalé par également Samuel Lézé, les abus « dit de transfert » que l'on pourrait qualifier aussi de négligence : « une fois qu'un analyste sait que son patient ou son supervisé est pris dans le transfert — ils disent même "ferré" comme un poisson — le superviseur peut se permettre de ne plus trop faire attention à lui, d'apporter moins de soin dans sa supervision qu'il ne le ferait avec un autre, ce qui rallonge et appauvrit la cure. »

CHARGES HÉRÉDITAIRES, DYNASTIES, SIGNES DE RECONNAISSANCE

Lorsque Lacan décède, des luttes fratricides ont lieu à l'intérieur de l'école de la cause Freudienne pour lui succéder. C'est finalement Jacques-Alain Miller qui « héritera » de la charge, parce qu'il a épousé, Judith, la fille du maître. On est en pleine féodalité : les liens du sang prévalent.

De la même façon, le maître Sigmund Freud offre à chacun de

ses disciples une bague qui scelle le secret de leur comité. Dès lors, Freud placé au centre du cénacle, décide des entrées et exclusions, quand un membre décède il transmet sa bague à son successeur, la fille de Ruth Mack Brunswick, devint à son tour psychanalyste — tout comme les filles de Mélanie Klein et de Françoise Dolto — et hérita elle aussi de l'anneau.[4] On croirait une secte.

La dernière fois que j'ai entendu parler d'une pareille pratique, c'était à un entretien de recrutement de commerciaux chez Bouygues dans les années 80. L'on promettait aux candidats méritants car générateurs d'un bon chiffre d'affaire d'être sacrés « compagnons du Minorange », un ordre totalement fantaisiste inventé par la famille Bouygues[5] avec le même brio que la famille Freud. Sur ces mots, le responsable du recrutement exhibait fièrement la chevalière dont Monsieur Bouygues en personne lui avait fait cadeau lors d'une remise solennelle de décorations. Les gros capitaux du bâtiment et la psychanalyse ont, curieusement, les mêmes méthodes.

Le mensuel « Psychologie », magazine à fort tirage qui connaît un formidable succès notamment auprès de la population féminine — d'un point de vue strictement marketing, il s'agit d'ailleurs d'un féminin « déguisé » — est lui, le fief de la famille Servan Schreiber. Le business n'en est que mieux gardé. Quoi de plus rassurant qu'une entreprise familiale pour ceux qui en hériteront, quoi de moins sûr en matière de neutralité intellectuelle pour les lecteurs en quête d'information sur la meilleure façon de soigner ses maux, qu'un journal où la conférence de rédaction — lieu où l'on échange et débats des sujets — n'est qu'une tablée familiale autour de laquelle tout le monde a un intérêt financier à être d'accord ? Du reste Gérard Miller, frère de Jacques-Alain, se trouve, comme c'est curieux, chroniqueur dans ce même magazine et il n'est pas de semaine sans que le livre du David familial y soit vanté, cité ou chroniqué… Quel que soit le flacon — dossier, critique de livre, fiche technique du mieux être ou article standard — l'ivresse est toujours consanguine si elle n'est clanique.

L'AFFAIRE DE L'INSERM, CENSURE À LA FRANÇAISE

L'affaire de l'INSERM constitue une parfaite illustration du pouvoir du lobby des psychanalystes de l'Ecole de la cause freudienne, en France.

On a peine à y croire, mais les membres de l'Ecole de la cause freudienne et leurs alliés ont obtenu en février 2005, du ministre de la santé Philippe Douste Blazy, qu'il fasse retirer le rapport de l'INSERM du site du ministère, rapport datant de février 2004 et qui ne donnait pas avantage aux thérapies d'inspiration psychanalytique sur l'efficacité de leurs soins. Le ministre aurait ainsi rassuré les quinquas dorés du quartier latin : « vous n'en entendrez plus parler. »[6]

L'étude avait été pourtant « commandée » au départ à l'INSERM par le ministre de la santé de l'époque relayé ensuite par Mattei puis par Douste Blazy, à la demande de deux grandes associations des représentants des usagers en santé mentale en France, à savoir la FNAP PSY (Fédération Nationale des Associations d'(ex) Patients en PSYchiatrie) et l'UNAFAM (Union Nationale des Associations de Familles de Malades psychiques).

L'étude avait pour titre « Trois thérapies évaluées », elle avait été réalisée sur la base de milliers de patients et même validée par Philippe Douste Blazy, enfin, par l'intermédiaire de son directeur général de la santé, William Dab, qui démissionna suite à la censure de son « patron ».

La levée de bouclier des psychanalystes de l'Ecole de la cause freudienne s'explique par le fait que le rapport de l'INSERM présentait les résultats d'une étude comparative entre trois types de thérapies desquelles était exclue l'analyse simple. De plus, l'étude comparait les thérapies familiales, les thérapies comportementales et cognitives et les thérapies brèves mais d'inspiration psychanalytique sur des résultats obtenus dans la guérison ou l'amélioration de seize troubles. Il se trouve que les résultats étaient largement favorables aux thérapies comportementales et que les thérapies d'inspiration psychanalytique ne semblaient, au vu des chiffres, efficace que dans les cas de troubles de la personnalité[7].

Illico, les lacaniens, l'Ecole de la cause freudienne, menés par Jacques Alain Miller ont dénoncé violemment ce rapport, exigeant qu'on le censure, rien moins. C'est là qu'il faut marquer un temps d'arrêt sur les méthodes de ces intellectuels formés dans ce que le pays considère comme ses meilleures écoles.

Quand ceux-ci clament, par la parole de leur maître Lacan, que « l'analyse guérit de surcroît », comment peuvent ils être à ce point affolés par un rapport qui ne les concerne pas puisqu'ils revendiquent haut et fort que l'analyse se situe hors du champ de la guérison ?

Pire encore, comment osent-ils priver les patient d'une information que ceux-ci ont pourtant réclamée ?

De quelle outrecuidance sont ils parés pour avoir le front d'exiger d'un ministre d'« être aux ordres » de leur chapelle, qui, juridiquement rappelons-le, n'assoit sa légitimité que sur l'épaisseur de leurs carnets d'adresses ?

Si cette réaction en dit long sur le mode de fonctionnement intégriste des membres de l'Ecole de la cause freudienne, elle en dit encore bien plus sur les moeurs françaises en matière d'objectivité scientifique. En France, il est bien plus important de n'être fâché avec personne que de dire la vérité. En France, mieux vaut sacrifier quelques centaines ou milliers de patients égarés sur le divan qui eussent été bien mieux soignés ailleurs, que de laisser transpirer qu'une poignée d'intellectuels de la rive gauche peut se tromper.

Saine réaction des usagers à ce coup de force, Mediagora, association de patients affiliée à la FNAP PSY, publie sur son site Internet sa déconvenue face au revirement du ministre dans un communiqué de presse du 9 février 2005 :

> *« Nous venons de prendre connaissance de la prise de position de notre Ministre de la Santé, Monsieur Philippe Douste-Blazy contre l'utilisation du rapport de l'Inserm*

sur l'évaluation de l'efficacité des psychothérapies, évaluation qui représentait une avancée en termes de diffusion de l'information médicale et une première en France dans le domaine des maladies mentales. (...) Cette décision du Ministre s'est faite dans le cadre d'une allocution lors d'un forum qui s'est tenu à la Mutualité de Paris, ce samedi 5 février 2005, et organisé par l'Ecole de la Cause Freudienne et son chef de file Jacques-Alain Miller. Le Ministre de la Santé a parfaitement le droit, en privé, d'avoir une sensibilité proche de tel ou tel courant psychologique et même de demander l'avis de tel ou tel intellectuel public. Il n'en demeure pas moins que le Ministre d'Etat se doit d'avoir une position de neutralité et de consulter, avant d'appliquer une telle décision, tous les protagonistes et acteurs du champs de la santé mentale : les psychiatres, les psychologues, les associations de patients, sans discrimination. (...)

RÉTENTION D'INFORMATION

En écrivant ce livre j'ai contacté le centre George Devereux (feu Georges Devereux est le fondateur de l'ethnopsychiatrie, Centre Universitaire d'aide psychologique, lié à la faculté de Paris VIII). Il était question pour moi d'interviewer l'association sur les dérives sectaires des psys. Au téléphone, j'eus une interlocutrice qui mit immédiatement en avant le livre de Jean-Luc Swertvaegher — présenté par elle comme « le » spécialiste du sujet au sein du centre — « Sortir de secte », publié aux « Empêcheurs de penser en rond ».

Elle me recommanda d'abord de le lire avant de pouvoir approcher « le maître » du moins c'est ainsi que je perçus le conseil. D'autant qu'il m'eut été très facile d'envoyer un mail « au maître » directement par le biais de site du centre, mais je préférais me présenter d'abord au téléphone. Par la suite, lorsque je lui demandai s'il était possible d'entrer en contact avec des ex patients ayant été victimes de ce genre d'abus, mon interlocutrice — sans nom, quoique m'étant présentée, je n'eus pas droit à la pareille — me dit : « c'est Monsieur Swertwaegher *qui jugera s'il convient* de vous donner des noms de patients. »

Je ne demandais pas qu'il « me donne » mais qu'il divulgue mon contact, qu'il fasse circuler l'information. Encore une attitude typique de la profession, on garde, on fait de la rétention pour conserver... le pouvoir. Eh oui, j'oubliai, lui et moi avons le même fond de commerce : la parole des patients.

OMERTA ET DOGMATISME

Samuel Lézé, anthropologue à l'ENS, s'est penché sur la condition des psys « d'en bas ».[8]

Il signale que de jeunes psychanalystes vont s'inscrire sous des noms d'emprunt à des stages de psychothérapie afin de s'initier à d'autres outils. Confrontés à une phobie rebelle, ils préféreraient adresser leur patient à un psychothérapeute, qui en viendra à bout en quelques séances. Mais la chape hiérarchique les empêche encore de s'exprimer. « Ils souffrent beaucoup de cette omerta et de ce dogmatisme », affirme Samuel Lézé. « Si la psychanalyse ne redevient pas un espace où la respiration critique peut exister, elle se dissoudra par manque de relève », prédit-il.

Il est intéressant de noter, à la manière des psys, ce comportement des jeunes psychanalystes qui soucieux de préserver leur bonne image auprès du père, n'osent (c'est un comble) exprimer leur opinion et s'autocensurent.

Mais pire, toujours selon les propos de Samuel Lézé, il existe dans les écoles psychanalytiques des hommes d'âge respectable, très diplômés, universitaires bien assis qui n'osent ouvrir la bouche face à un chef de file terroriste qui les menace d'excommunication à la moindre déviance.

Je me rappelle d'une interview que j'ai eu à faire chez un des disciples de Jacques-Alain Miller, supervisé par lui. Cet homme était pourtant un psychiatre d'une soixantaine d'années, disposant d'une fortune personnelle, il eut pu aisément s'affranchir de son « superviseur ». Mes questions portaient sur une éventuelle interprétation psychanalytique qu'il aurait pu faire sur George

W. Bush et Saddam Hussein. Très embêté, il me tourna le dos pendant tout l'entretien, tripotant nerveusement la souris de son ordinateur, à la recherche d'un improbable fichier. Quand il l'eut trouvé je me rendis compte qu'il lisait un article du « Point » dans lequel s'exprimait... Jacques-Alain Miller, sur le même sujet. Il me resservit au mot près tout ce que pensait son maître, sans dévier d'un pouce, ni émettre la moindre réserve. Quand ce fut terminé, il ne rajouta aucun commentaire sur aucun autre sujet et me raccompagna à la porte tout en me demandant d'utiliser le pseudonyme sous lequel il écrivait ses livres pour le citer. J'aurais mieux fait de recopier l'article du « maître ».

LISTES NOIRES ET MILICES SECRÈTES

Les psychanalystes font aussi leur propre police, le saviez-vous ? Samuel Lézé explique « Ils savent parmi eux où sont les brebis galeuses, ils tentent ainsi d'assainir la profession, quand un psy a commis des abus graves, ils se le disent entre eux et plus personne ne lui envoie de patients, il faut aller dans les pages jaunes pour tomber sur ce genre de mauvais psy ».

Sophie M. le signale également dans son témoignage « qui veut la fin a les moyens », elle raconte comment elle a été sortie d'embarras par un psy qui l'a « sauvée » d'un autre duquel elle était devenue dépendante : « Ils ont des listes noires et savent très exactement entre eux qui est qui, qui est cher, qui ne l'est pas, qui est pointu ou non. »

Curieuse corporation qui passe à travers la justice du pays comme un fantôme par delà les murailles. Je n'ai pas souvenir qu'un journaliste déviant et outrageant les règles de la profession aille ailleurs qu'au tribunal payer sa forfaiture. Quant aux médecins, le conseil de l'ordre et la justice règlent pour eux les problèmes déontologiques, les radiés du conseil ne figurent plus à la liste des officiels et cela est directement accessible sur Internet pour les patients. Pour les psys, c'est différent, c'est un monde à part. Qui détient ces fameuses listes noires ? Ne sont-elles pas abusivement utilisées ? Et surtout comment le patient qui débarque dans un tel cabinet peut-il savoir si le psy qu'il vient de choisir n'est pas un danger public ?

Si les psychanalystes refusent à ce point de « laisser transpirer » la moindre information pouvant desservir la corporation, c'est bien qu'ils ne sont pas tout à faits tranquilles quant à leur réputation.

Lorsque le député Bernard Accoyer a voulu tenter de mettre un peu d'ordre dans tout cela, il ne se doutait pas qu'il tomberait sur une véritable « bande » : les analystes, intellectuels de haut niveau, bien décidés à ne pas céder un pouce de leurs privilèges. Le député voulait mettre en place, à travers l'amendement portant son nom, un système de validation de la pratique des psychothérapeutes dans leur ensemble. Cela impliquait que les analystes, dont je rappelle qu'ils ne se différencient juridiquement en rien du modeste guérisseur de campagne, allaient devoir rendre des comptes sur leur pratique à des psychiatres, des psychologues, bref une commission paritaire et hétérogène et non plus à leurs « copains » issus de la même chapelle.

Face à cette éventualité, les lobbyistes du courant Millérien n'ont pas laissé le choix au député Accoyer. Lors de la réunion houleuse qui eut lieu à la Mutualité en janvier 2004, ceux qui d'ordinaire méprisait les syndicats de psychothérapeutes et leurs responsables se sont habilement ralliés à eux pour faire nombre, car ils avaient les mêmes intérêts juridiques. Le député s'est retrouvé ce jour là face à une marée humaine de contestation, un peu comme le doyen de Nanterre en 1968, aux prises avec les étudiants.

Plus tard, à travers l'affaire de l'INSERM, ils lui ont signifié qu'ils avaient leurs entrées « plus haut que lui ». En obligeant Douste Blazy à enlever le rapport de l'INSERM du site du ministère ils transmettait un message clair au législateur : « Nous sommes au dessus des lois car nous faisons l'opinion. »

Enfin en mai dernier, Le Canard enchaîné [9] annonçait la création d'un « Nouveau parti intellectuel » par Jacques Allain Miller dont les membres éminents sont : BHL (Bernard Henry Lévy), Philippe Sollers, Catherine Clément, Edwy Plenel (le patron du Monde) mais aussi Renaud Dutreil, le ministre de la fonction publique. On verrouille, on verrouille…

Prudemment, Bernard Accoyer et tous ceux qui avaient travaillé à l'amendement ont été obligés d'accepter les conditions des analystes : ceux-ci n'ont toujours de comptes à rendre à personne hormis à leurs pairs « inscrits comme eux sur les registres de leur association », stipule la loi.

Cela signifie en clair que toute brebis galeuse (abuseur sexuel, financier ou incompétent notoire) n'aura d'autre soucis que de se refaire une clientèle de pigeons de passage dans sa rue, à l'écart des réseaux de ses collègues mais sans être outre mesure inquiétée par la justice, hormis si un patient a suffisamment de « billes » juridiques pour porter plainte... « Douce France », chantait Charles Trenet.

TOUT DÉTRACTEUR EST SUSCEPTIBLE D'ÊTRE SOLUBLE DANS LA NÉBULEUSE

Les analystes sont tellement enfermés dans leur propre vision du monde qu'ils ne peuvent imaginer être différents de qui que ce soit. Si l'on s'approche d'eux, on est forcément incorporé à cette nébuleuse tentaculaire. Etre « avec eux » ou « contre eux », tel est leur credo.

Les lacaniens, toujours eux, tentent de capter toujours plus d'intellectuels français dans leur sillage : il suffit de lire la revue de presse lacanienne en ligne pour observer les plus beaux coups de brosse à reluire qui soient en direction de tel ou tel journaliste ou intellectuel (Philippe Sollers est très souvent cité).

Lors de son enquête, Samuel Lézé raconte : « Quand je me présentais à eux j'étais soit un patient potentiel, soit un futur psy, en aucun cas un anthropologue. » Il signale aussi le cas de cette sociologue américaine, Sherry Turkle[10] qui, il y a plus de vingt ans, a publié *La France freudienne*. Sherry Turkle a finalement entamé une psychanalyse après avoir trop fréquenté son sujet d'étude...

LE PRINCIPE DU BOUC ÉMISSAIRE

Les charlatans et les sectaires sont aux psys « installés » ce que les immigrés sont à Le Pen ou les Juifs à l'Allemagne nazie.

Non seulement ils leur permettent de récupérer une part de juteux marché des maux de l'âme mais leur « exécution » institutionnelle masque les abus perpétrés par les membres les plus en vue de la profession.

Or il est bon de rappeler ici que les charlatans non diplômés et les psys sectaires ont bon dos. Si l'amendement Accoyer a eu le mérite de vouloir mettre un peu d'ordre dans tout ce fatras et de soulever politiquement le problème, il ne faut pas se voiler la face. Dans ce livre, je cite aussi des cas de personnes abusées par des psys dûment diplômés et reconnus, soit par l'association professionnelle dont ils dépendent, soit par le conseil de l'ordre des médecins lui-même. Depuis deux ans, on tend à faire porter le chapeau à la population des « charlatans », d'une dérive générale de la profession toute entière.

Aujourd'hui on assiste à une querelle de chiffonniers : chacun va de son couplet sur l'efficacité réelle de sa méthode, rejetant l'opprobre de l'abus, du mercantilisme et de l'incompétence sur l'école voisine.

Dans « La Mal Psy »[11], Norbert Vogel, psychothérapeute et membre de la fédération française de psychothérapie, s'en prend, avec beaucoup de justesse d'ailleurs, au business psys du développement personnel, du coaching, et à leurs théories. Malheureusement, il défend sa chapelle, — et encore une certaine chapelle diplômée de l'université qui voudrait lâcher la queue de la profession de psychothérapeute — oubliant que la racine du mal n'est pas tant dans le choix de la méthode que dans le pouvoir détenu par les psys eux-mêmes dans notre société et ce, toutes écoles confondues.

Interviewé dans le Point[12], Bernard Accoyer déclare : « *En absence de textes, les victimes ne peuvent pas porter plainte. Et comme ces "thérapeutes" se font payer en espèces, il n'y a pas de traces ! Mais, depuis 1999, je reçois énormément de courriers, des histoires effarantes qui impliquent souvent des psychothérapeutes autoproclamés.* »

Le propos du député de Haute Savoie est sans doute mesuré. Ce qu'il sait peut-être, mais n'ose dire de peur de déclencher toujours et encore plus de foudres sur son texte de loi, c'est que ces abus, ces paiements en liquide ne sont pas seulement le fait de charlatans avérés, de psys d'opérette et de sectaires furieux, cela se passe aussi chez des analystes chics et officiels ou des psychothérapeutes dûment diplômés de l'université, ayant pignon sur rue comme nous le verront dans les témoignages qui suivent.

Pour preuve, les réactions en masse des soignants au dit amendement qui savent bien que l'amorce de « ménage » des parlementaires qui ne vise que les pseudos psys, c'est-à-dire les gens ne possédant aucun diplôme en psychologie ou en médecine, s'étendra peut-être bientôt au reste de la profession et plus particulièrement aux analystes.

Les professionnels psychothérapeutes ont reproché alors à Accoyer de vouloir réduire leur pratique à un simple acte médical, à ne pas prendre toute la mesure de la complexité de l'âme humaine. Parmi ses détracteurs les plus acharnés figurent toujours et encore les membres de l'Ecole de la cause Freudienne menée par Jacques-Alain Miller.

Ce dernier, toujours dans ce même numéro du Point, répond à Bernard Accoyer : « *Il n'y a pas de plaintes en justice contre des analystes, alors qu'il y en a haut comme ça contre des prêtres. L'expérience prouve que la sélection pratiquée dans les écoles de psychanalyse est extraordinairement fiable.* »

Ne contestons pas à ce normalien et directeur d'un département universitaire, la qualité de ses enseignements, on sait bien que les élites françaises sont inattaquables et avançons plutôt qu'il choisit mal ses termes de comparaison : Il oublie en effet que les prêtres, puisque ce sont eux qu'il cite, jouissaient, du temps de la toute puissance de l'église, d'une immunité comparable à celle des psy aujourd'hui. Nul n'aurait osé mettre en doute la parole d'un représentant de Dieu, de l'accuser de luxure ou de mensonges. Mais sitôt les premiers brûlots des philosophes des lumières lancés, à la veille de la révolution qui allait voir monter le clergé à la guillotine, l'on pu enfin saisir les prêtres dans toute leur humanité et les tableautins du divin marquis les ont rendus tout d'un coup beaucoup plus accessibles.

Quand Jacques-Alain Miller compare les psys aux prêtres, il n'imagine pas la perche qu'il tend aux détracteurs de la psychothérapie abusive ; il avoue lui-même que si les prêtres sont aujourd'hui l'objet de plaintes des usagers de l'église, alors que les psys eux sont blancs comme neige ce n'est pas parce que le monde est à ce point manichéen mais tout simplement parce que les premiers n'ont plus de pouvoir social, contrairement aux seconds.

Plus loin il ajoute, brandissant l'argument suprême, la tarte à la crème des occidentaux : « *Aujourd'hui, dire sa plainte et se faire écouter est vécu comme un droit de l'homme.* » On est heureux de l'apprendre, nous, patients, quand on pense au nombre de séances où le psy n'écoute rien, regarde sa montre, gargouille du ventre en attendant l'heure du déjeuner.

Mais, toute cette foire d'empoigne a pour origine, comme on l'imagine, un marché immédiat de plus d'un milliard d'euros... sans parler des postes, rentes et autres avantages qui en découlent.

NOTES

[1] « La passe » consiste à confirmer un apprenti analyste dans sa fonction. Le futur analyste passe devant un jury composé par ses pairs déjà installés. On ne peut se présenter à la passe que sur l'accord de son superviseur et après quelques années d'analyse avec lui. Cette pratique rappelle un peu la soutenance de thèse universitaire, sauf qu'elle n'a absolument aucun fondement juridique et institutionnel et demeure une pratique interne aux lacaniens.
[2] « Changements, Paradoxes et psychothérapie » de P. Watzlawick, J. Weakland, R. Fisch, Essais points, 1975, page 91.
[3] « Mensonges Freudiens » Jacques Bénesteau, éditions Mardaga, 2002, p. 321-322
[4] Op. cit. Éd Mardaga, 2002, p 46
[5] Les compagnons du Minorange ont été créés par Francis Bouygues en 1963. Le mode de recrutement est le suivant : Seuls des compagnons peuvent être membres, les dossiers sont proposés par la hiérarchie et examinés par le Conseil de l'Ordre sur des critères de qualités professionnelles, morales et attachement à l'entreprise. Les promotions sont annuelles avec trois degré. Cet ordre est autogéré. http://www.bouygues.fr/fr/groupe/hommes.asp
[6] Cité par Jean Cottraux dans « Le livre noir de la psychanalyse », p. 332.
[7] In le Livre noir de la psychanalyse, p. 332.
[8] Semaine du jeudi 16 décembre 2004 — n° 2093 — Dossier du nouvel observateur, article d'Ursula Gauthier

9 « Jacques-Alain Miller, Gendre de droit divan » Nicolas Beau in Le Canard Enchaîné, Mercredi 18 Mai 2005
10 Sherry Turkle, dans *La France freudienne* a essayé de comprendre pourquoi, selon son expression, « toute la France est passée à la psychanalyse », après mai 68. Elle écrit : « Le mouvement psychanalytique français a peut-être été lent à démarrer, mais son développement a ensuite été explosif. Le vocabulaire psychanalytique a envahi la vie et le langage, transformant la manière dont les gens pensent en politique, discutent de littérature, parlent à leurs enfants. Les métaphores psychanalytiques ont infiltré la vie sociale française à un point qui est sans doute unique dans l'histoire du mouvement psychanalytique. Même aux Etats-Unis les choses ne sont jamais allées aussi loin. » (Fayard 1981, 303 pages, trad., p. 25)
11 « La Mal Psy », Norbert Vogel, Presses de la renaissance, 2003.
12 Le Point du 12/02/04 — N° 1639 — Page 64

Les psy et l'argent, psy business...

La « psy » est un vaste business, ça, c'est un fait tangible et mesurable... mais non mesuré. Et pour cause, là encore tout est clandestin. Samuel Lezé compare la vie sociale d'un psy à celle de la chauve souris. Tête en bas dans l'obscurité des cabinets, la chauve souris psychanalytique possède néanmoins, selon moi, un radar très sûr pour détecter le numéraire.

La partie émergée de l'iceberg financier de la psychothérapie devrait déjà donner pas mal à penser. On peut ici se livrer à une petite estimation, très approximative certes, mais qui aura le mérite d'exister et suscitera peut-être des vocations chez certains amoureux du chiffre et de la finance.

Si l'on reprend le nombre de français en psychothérapie ou concernés par la psychothérapie cités dans Le Nouvel Observateur,[1] 5 %, cela porte à 3 000 000 le nombre de français de plus de 15 ans qui consultent. Sachant que le nombre moyen de consultations est de deux fois par semaine, soit sur environ 45 semaines (il faut ôter les vacances), et qu'on peut en situer le prix moyen autour de 45 euros, nous avons un marché annuel de 12 150 000 000 euros (vous avez bien lu, un peu plus de douze milliards d'euros) que les psys se partagent très inégalement. Puisque toujours selon l'express, 30 % de ce gâteau va... aux psychanalystes.

Mais si, candidement, l'on divise ce chiffre par le nombre total de thérapeutes recensés on retrouve un chiffre d'affaire annuel par « tête » de 176 000 euros soit un revenu mensuel de 15 000 euros environ. Vous avez dit avantageux ?

Il faudrait à présent connaître les sommes exactes qui échappent au fisc pour savoir combien les psychothérapies de tous genre coûtent à l'Etat... sans parler de ces analyses ou thérapies à rallonge que la Sécurité sociale rembourse, en pure perte.

LES IMPÔTS, NOIR C'EST NOIR

Il est amusant de discuter avec un fonctionnaire du Trésor sur le chapitre des psys. Interrogée hors du contexte de son service, voici ce que raconte cette agent des impôts de la région PACA :

« Les psys sont comme les artisans, ils essaient souvent de frauder, ce n'est pas facile à vérifier sauf à organiser un contrôle fiscal. J'ai eu pas mal de dénonciations de psys par lettre anonymes, d'anciens patients qui disaient : "Je l'ai payé au noir pendant X années". Personnellement, je n'ai jamais voulu tenir compte de ce genre de courrier car je trouve le procédé répugnant. Mais ça fait réfléchir. Un thérapeute qui donne, mettons, 10 consultations à 45 euros par semaine, ce qui est très peu, mais tout au noir, et bien c'est un petit salaire de 1 800 euros mensuels qui échappe au fisc. La plupart de ceux qui font cela ont à côté une vacation en institut pour les couvrir socialement, ils sont gagnants des deux côtés.

Je me rappelle avoir "pris" un psy qui avait vraiment exagéré, il déclarait une certaine somme aux impôts mais en réalité, si on faisait le décompte de ce qu'il gagnait au regard de son train de vie, on aurait pu penser qu'il bossait même la nuit, vu le prix — très normal — affiché de ses séances. En réalité il devait organiser des séminaires de groupe ou des choses comme ça car il arrivait à un chiffre d'affaires colossal pour son petit cabinet. Le redressement a porté sur plusieurs années. Il a joué, il a perdu. »

La quasi-totalité des patients interrogés dans ce livre déclarent avoir payé leurs séances en liquide et la plupart d'entre eux n'avoir bénéficié d'aucun remboursement de la part de la sécurité sociale.

Plus récemment et comme pour illustrer ce point, Jacques Alain Miller serait soupçonné par le fisc d'avoir dissimulé une partie de ses émoluments ainsi que d'avoir sous estimé ses deux appartements parisiens. L'agent des impôts, interrogé par mon confrère du nouvel observateur[2], évalue les revenus de son activité d'analyste à environ 20 000 euros par mois. Or « JAM » n'aurait déclaré aucun honoraire pour 2002. Et seulement 5 700 euros l'année suivante au titre, non de ses propres consultations, mais d'honoraires rétrocédés par un confrère à qui il avait adressé des patients...

Le canard enchaîné[3] dans un article de mai dernier, a interviewé Jacques Alain Miller lequel met ce contrôle fiscal sur des « représailles » qu'on lui ferait subir suite aux événements de 2004 et 2005 (décrits dans le chapitre précédent).

Mais Sophie M., dont le cas est détaillé plus loin, n'a pu elle, déduire de ses impôts les sommes versées à ses analystes. Elle a estimé l'argent dépensé en 14 années d'analyses et thérapies diverses à 45 000 euros lequel a été entièrement versé en liquide aux trois principaux psys auxquels elle a eu à affaire durant ces années. Aujourd'hui, elle ne va pas mieux qu'avant et énonce : *« 45 000 euros, c'est le prix d'une petite maison à la campagne »*.

LA FARCE FREUDO-SPHINCTÉRIENNE

Ces paiements en liquide sont toujours fondés sur la vieille mais Ô combien commode, théorie freudienne en vertu de laquelle les praticiens d'aujourd'hui s'appuient pour refuser chèques et cartes bleues. Ils ont tous à peu près les même « ficelles » pour capter les espèces :

Parfois le psy ne se cache même pas, comme c'est le cas pour Maryse, 34 ans, infirmière. Dans son témoignage intitulé « le goujat » en deuxième partie de ce livre, le psychiatre, respectable hospitalier, lui indique clairement qu'il ne fera aucune feuille de maladie et qu'il « souhaite du liquide ».

Parfois, comme cela arrive immanquablement même chez un généraliste ou un dentiste, le patient, après avoir réglé le prix de la consultation, oublie de prendre sa feuille de remboursement sur le bureau du médecin. Le psy averti ne loupera pas l'occasion de signaler là un acte manqué signifiant le début de la cure et de dire que la prochaine fois il n'y aura pas de feuille et l'on paiera en liquide car ainsi commence le « vrai travail ».

Mais le plus souvent, c'est papa Freud qui est directement invoqué, pour justifier du non remboursement des séances et du paiement en liquide.

Une petite explication s'impose. Freud identifie l'argent aux matières fécales mais aussi à « l'annulation » d'une dette par un don. L'enfant qui va au pot « fait un cadeau » à sa mère car il lui doit la vie.

Dans l'échange thérapeutique analytique, le psy étant dépositaire des secrets intimes du patient, il « porte » pour lui ses secrets et sa douleur. Il s'établit entre lui et le patient une relation très trouble, qui pourrait porter préjudice à la cure et rendre le patient dépendant (mais oui !) si elle n'était « annulée » par un don d'argent de la part du patient.

Pour ma part, je ne peux m'empêcher d'en rire et de faire le rapprochement de ce soulagement freudo-sphinctérien avec l'expression utilisée dans le cas du voleur qui dérobe un porte-monnaie ou de l'escroc qui capte des fonds et dont on dit qu'ils ont « soulagé » leur victime de quelques centaines ou milliers d'euros...

C'est en tout cas ainsi que se justifient les centaines de milliers d'euros annuels détournés du fisc par les psychothérapeutes installés ou non, déclarés ou non, reconnus ou non et qui expliquent doctement à leurs patients pourquoi ils les obligent à passer au distributeur afin de leur remettre l'argent « en liquide » à la fin de chaque séance.

Tout un rituel s'en suit, qui confine au ridicule : il ne faut pas donner cet argent en main propre mais le déposer sur une table loin du regard du psy. Lacan demandait à ses patients de verser leur obole dans un secrétaire situé à l'entrée de son cabinet. Le petit meuble, aux dires de Gérard Haddad, regorgeait d'argent.[4]

On exige aussi du patient un total « investissement » ; le mot est au moins autant utilisé par les psys que par les contrôleurs de gestion ou les banquiers : les séances manquées sont dues, les séances où l'on arrive en retard ne sont pas rallongées pour autant, les vacances doivent être prises en même temps que celles de l'analyste sinon elles sont également payables d'avance et bien sûr, la maison ne fait pas crédit.

Je cite ici les cas les plus extrêmes mais ces principes sont pourtant ceux énoncés par « le maître » et une cure analytique « orthodoxe » doit s'y conformer.

Les psys autres qu'analystes ont également sauté sur l'occasion pour se faire payer rubis sur l'ongle et tendent à appliquer les mêmes règles.

Quant aux patients qui rueraient dans les brancards ou dérogeraient momentanément à la coutume, ils se voient menacés de la pire des punitions : l'échec de la cure.

Aussi ils « marchent droit » et paient sans rechigner. Sophie M. raconte : « pendant 14 ans, j'ai essentiellement travaillé pour payer mon analyste. Je gagnais un salaire moyen, je lui donnais l'équivalent d'un SMIC. »

Le jour où l'abus survient, cette façon de fonctionner ôte au patient tout moyen de porter plainte car il n'existe aucune trace de son passage dans le cabinet en tout ou partie fiscalement fantôme. Au tribunal, il ne resterait que sa parole contre celle d'un membre parfois très éminent de la nébuleuse.

Pourtant, tous ceux qui témoignent dans ce livre, avec pour nombre d'entre eux, des années de recul, se rendent compte aujourd'hui que point n'est besoin de payer en chèque ou de ne pas régler les séances non effectuées pour se retrouver aussi mal en point à l'arrivée qu'ils l'étaient au début.

Cette règle du paiement en espèces n'a donc aucun fondement sérieux. Décidément, Freud était un génie... de la finance.

LES LABOS EN COULISSES

Dès le début de l'histoire de la psychanalyse, les laboratoires pharmaceutiques sont présents.

Le laboratoire Merck offre à Freud toute la cocaïne qu'il souhaite « pour ses expériences » — et sa consommation personnelle. Il est vrai que ce don récompense un article dithyrambique sur la substance que le maître a fourni, article que Bénesteau compare à bon escient à un papier de propagande, nous dirions, nous, un dépliant publicitaire pour laboratoires pharmaceutiques.

A l'époque de Freud, les plus grandes publications médicales clament que la cocaïne n'est pas dangereuse ni génératrice d'accoutumance, c'est un peu le discours que tiennent les labos aujourd'hui sur les antidépresseurs... Or les généralistes commencent aujourd'hui à murmurer qu'il est très difficile de se sevrer du Deroxat par exemple.

Le discours des laboratoires pharmaceutiques sur la santé mentale est sans surprise, il est celui du profit déguisé en discours sur la santé publique : les maladies évoluent et les médicaments entrent en disgrâce au fur et à mesure des avancées de nouveaux produits « plus performants ».

En termes de marketing, on sait qu'un médicament, tout comme n'importe quel objet consommable connaît une ascension puis un pic suivi d'un déclin, on appelle cela sa « courbe de vie ». Il convient donc de valoriser les nouveaux produits émergeants aux dépends des produits déclinants et ce, le plus vite possible afin de générer des bénéfices maximums. Les anxiolytiques, très consommés quoiqu'il arrive, ont subi malgré tout depuis quelques années une campagne de dévalorisation de la part des labos, relayée par le milieu médical, en raison de l'accoutumance qu'ils provoquaient mais surtout au motif qu'ils ne soignaient pas vraiment les états anxieux et la dépression qui les accompagne souvent. La raison en est simple : l'arrivée sur le marché d'antidépresseurs de la nouvelle génération (type Prozac), plus facile d'utilisation que les anciens (type Anafranil) parce qu'avec moins d'effets secondaires et qui permettent à la plupart des patients traités de ne plus du tout prendre d'anxiolytiques ou en tout cas beaucoup moins. Néanmoins ces traitements, de longue durée, sont une véritable manne pour les labos parce que la dépendance à ces produits est plus subtile et moins risquée pour eux que la dépendance induite par les anxiolytiques qui transforment les patients en véritables toxicomanes. Un patient dépendant des anxiolytiques est dépendant de la substance, comme n'importe quel toxicomane, et pour les labos très soucieux de leur image (le commerce éthique étant la dernière tarte à la crème en vogue dans les milieux du business), cela fait désordre.

Tandis qu'un patient sous antidépresseur de la seconde génération est « accro » au bonheur pharmaceutique... Chaque fois qu'il tentera de se sevrer, les symptômes de sa dépression réapparaîtront de plus belle... Sinon tout ira bien, tout au plus prendra ou perdra-t-il un peu de poids ou bien constatera-t-il que sa libido est singulièrement plate, mais quoi, il faut bien payer le prix du « Paradis pour tous ».[5]

Le cercle vicieux, facile à expliquer, est décrit en seconde partie dans le cas de Sonia et de Céline.

Ce type de médicaments est prisé soit par des patients qui ne consultent pas de psy mais seulement leur généraliste et les utilisent comme béquille de vie, soit par des patients qui sont en thérapie « à la française », c'est-à-dire « à rallonge », sans but concret, ni échéance. Cette dernière catégorie de patients est à même de devenir dépendante des antidépresseurs à son insu.

On sait la fragilité psychique engendrée par ce type de cure « sans fin », il suffit que, pour supporter la cure, le patient poursuive la prise des antidépresseurs et c'est le début d'une douce et imperceptible addiction. C'est ainsi qu'un banal blues qui échoue sur le divan d'un analyste ayant le bon goût d'être aussi psychiatre donc prescripteur de médicaments, a toutes les chances de se transformer en dépression au long court.

Il est amusant de noter au passage que les pays les plus consommateurs de psychotropes[6] sont aussi ceux dans lesquels la psychanalyse a le vent en poupe. L'Argentine est de ceux là.

Les labos n'ont rien contre, les psys non plus. Certains d'entre eux croient même bien faire en soulageant leur patient et en les aidant à y voir plus clair dans leur démarche thérapeutique ce faisant. Sauf que, sachant la faiblesse et l'incertitude de la démarche thérapeutique, on voit que le médicament sort toujours victorieux pour le plus grand bonheur des courants biologistes, relais favoris des labos.

Bien sûr certains psychiatres analystes se récrieront devant ces lignes en disant qu'ils se défendent de prescrire quoi que ce soit à un patient en analyse chez eux, mais ils le laissent s'adresser à un confrère et ne suspendent nullement la cure si le patient se met à prendre des médicaments, belle hypocrisie.

De l'avis des délégués médicaux interrogés, les psys sont, à leur décharge, les membres les moins intéressés par les avantages procurés par les labos à leurs fidèles prescripteurs. « Ce ne sont pas les plus demandeurs en matières de cadeaux ou de voyages-primes, explique ce visiteur médical d'un laboratoire commercialisant des antidépresseurs, le plus souvent, quand ils ont le choix, ils nous demandent des livres. »

On peut le porter au crédit de ces praticiens de l'ombre ou bien continuer à faire preuve de mauvais esprit en disant que la « clandestinité » fiscale de beaucoup d'entre eux les porte à ne pas trop faire montre d'avidité.

Ainsi, la plupart des psys n'affichent pas un cabinet trop bien décoré ni bourgeois, contrairement à celui d'un chirurgien esthétique par exemple dans lequel les objets d'arts rivalisent de préciosité avec les tableaux de maître.

Un psy n'osera pas non plus se pavaner sous les tropiques aux frais d'un laboratoire. A l'instar des dévots et autres Tartuffes de notre siècle, les psys préfèrent se vêtir des noirs habits de l'austérité, pour mieux asseoir un pouvoir politique qui vaut tous les caviars de la terre.

Néanmoins, la collusion entre le monde de l'industrie pharmaceutique productrice de psychotropes et les psychiatres est bien possible et d'autant plus délicate qu'elle concerne des modificateurs du psychisme humain.

PRODUITS DÉRIVÉS ET PARTENARIATS

Tels des marketers de génie, les chefs de file et les stars de la profession utilisent la technique des produits dérivés et des partenariats pour faire prospérer leur affaire. A l'instar de Disneyland vendant des tee-shirts Mickey, les thérapeutes de l'âme n'hésitent pas à avoir recours aux livres, aux magazines, à la télévision pour vendre leurs services de façon détournée et asseoir leur notoriété. Ils s'associent volontiers à des stars de tous bords et à des politiques pour promouvoir leurs compétences, voire obtenir des financements. Le profit est d'abord financier et, plus grave, politique.

D'une part, Chaque fois qu'un psy dispense un conseil dans les médias, il est, de façon totalement éhontée, juge et partie car susceptible de « vendre sa soupe » à qui veut bien le lire ou l'entendre.

D'autre part, les psys utilisent les médias pour se montrer hors de leurs cabinets d'où ils ne devraient pas sortir et s'infiltrer dans la vie sociale et citoyenne grâce à une idéologie qui se fait passer pour scientifique alors que ce n'est qu'un courant philosophico-politique parmi d'autres, courant des plus troubles, on le verra de façon plus détaillée au chapitre traitant des psy et des médias.

Le magazine « Psychologies » est un exemple de réussite portée par le « business psy ».

Acheté par Jean-Louis Servan Schreiber, alors que le titre, tirant à moins de 100 000 exemplaires, était moribond, le voici aujourd'hui à plus de 500 000. Doit on préciser que Jean-Louis Servan Schreiber est l'ancien directeur de l'Expansion pour établir définitivement le lien entre psys et business ?

Autour du gâteau, une famille, les Servan Schreiber (Perla l'épouse est directrice du développement, David est chroniqueur); une cohorte d'experts, psys médiatiques au dernier degré (Gérard Miller, Claude Halmos) très intelligemment choisi parmi les principaux courants (lacaniens, freudiens comportementalistes auxquels s'adjoignent parfois des jungiens et des membres de la Gestalt thérapie); peu de journalistes professionnels. La rédaction est quasiment entièrement composée de « consultants » agissant en leur nom propre — et donc pour leurs intérêts parallèles — cela ne s'appelle pas le pluralisme de l'information et ça rapporte à tout le monde.

Si la recette de ce gâteau est aussi savoureuse que roborative, on verra, au chapitre traitant des psys et des médias — que les ingrédients idéologiques qui la composent sont des plus dangereux pour la santé.

NOTES

[1] Semaine du jeudi 16 décembre 2004 — n° 2093 — Dossier du nouvel Observateur article d'Ursula Gauthier :
« Mais comparés aux 25 % de Français consommateurs de psychotropes, seuls

5 % des plus de 15 ans sont engagés dans une thérapie. Chiffre infime, si l'on pense qu'aux Etats-Unis 20 % de la population sont concernés. Il faut cependant noter que 30 % des thérapies se font avec des psychanalystes. »

[2] « Soupçons sur l'héritier de Lacan Quand le fisc analyse le psy » d'Oliver Toscer in Le Nouvel Observateur, Semaine du jeudi 27 octobre 2005 — n° 2138, Notre époque.

[3] « Jacques-Alain Miller, Gendre de droit divan » de Nicolas Beau in Le Canard Enchaîné, Mercredi 18 Mai 2005.

[4] « Le jour où Lacan m'a adopté », Gérard Haddad, Grasset, 2002.

[0] « Mensonges Freudiens » Jacques Bénesteau, éditions Mardaga, 2002.

[5] « Paradis pour tous » est un film d'Alain Jessua sorti en 1984, il raconte l'histoire d'un psy qui découvre un procédé qui permet de « flasher » les patients et de les rendre parfaitement heureux. Malheureusement, le « flashage » est un procédé qui rend les gens complètement passifs, idiots voire monstrueux. Le psy (rôle interprété par Jacques Dutronc), doté de conscience celui-là, est tellement effrayé par ce qu'il a fait qu'il « s'autoflashe », en un suicide symbolique.

[6] En 1996 le professeur Edouard Zarifian remet au ministre de la santé un rapport sur la consommation de psychotropes en France : les français consomment quatre fois plus de psychotropes que leurs voisins européens et cette consommation (42 millions de boîte d'antidépresseurs en 1994) a augmenté de 7 % par rapport à 1993. Cité par Liliane Sichler dans « Le parti psy prend le pouvoir », pages 49-50, Grasset, 1997.

Les psys cautions des médias, les medias relais de l'idéologie « psy »

La proximité d'affinités entre le petit écran et les lois de l'apparence sont telles qu'on ne s'étonne guère de voir paraître régulièrement sur les plateaux, tel ou tel chirurgien esthétique.

En revanche, on peut s'inquiéter de la marée montante des « psys » dans le paysage audiovisuel français, quand on connaît les défauts manipulatoires des médias et plus particulièrement de la télévision. On ne peut alors s'empêcher de penser à une association de malfaiteurs...

Du temps de la télévision des « Dossiers de l'écran », le syndrome de l'expert existait déjà. Tout sujet de société nécessitait un « expert » sur le plateau : des économistes croisaient des statisticiens, des médecins échangeaient avec des sociologues, assurant par là, si ce n'est la parole à l'homme de la rue, du moins une certaine garantie de pluralisme des modes de pensée.

Au fil du temps, les psys se sont mis à monopoliser les medias. Aujourd'hui ils sont systématiquement invités même si le sujet traité ne les concerne que partiellement.

Quant au témoin, le participant à l'émission, il devient un malade, un patient et juste cela. Plus grave, le psy touche à l'individu et à son histoire intime. Chose qui n'intéressait pas les économistes ou les sociologues et que les médecins avaient juré de garder secret.

En échange de l'aveu public, on promet au patient-témoin une hypothétique « guérison ». Celui-ci, mis en confiance par le psy de service, enlève son pantalon, les téléspectateurs sont aux premières loges.

Le lendemain dans les journaux, le psy expliquera comment cela s'est fait et pourquoi c'est si efficace avec le jargon qui le caractérise. Ainsi, il « garde la main » dans le jeu médiatique.

C'est de cette manière que la psychologie et plus particulièrement la psychanalyse se sont imposées, grâce aux médias, comme des référents de vie. Plus une émission, plus un article sans qu'on y trouve le mot du psy, expert incontournable du prêt à penser.

PSYS ET JOURNALISTES INTIMEMENT MÊLÉS

Les collaborations entre psys et journalistes sont devenues tellement fréquentes que tels des vieux couples dans lesquels les deux finissent par se confondre, les soignants et les parleurs ne font aujourd'hui plus qu'un. Les Psys s'emparent du micro tandis que journalistes allongent leurs auditeurs sur le divan.

Gérard Miller chroniqueur à France 2 et Europe 1 déclare « adorer les médias » et « refuser d'y jouer au docteur », il préfère s'improviser amuseur tout en usant largement de son titre de psychanalyste et professeur de philosophie et de son appartenance à la grande famille Miller-Lacan.[1]

Caroline Eliacheff, pédopsychiatre et psychanalyste a animé sur France culture, une émission hebdomadaire « la famille dans tous ses états », dans laquelle elle commente sans complexes aussi bien des sujets comme l'homoparentalité que la canicule ou la mort de Marie Trintignant.

Edwige Antier pédiatre de formation psychnalytique répond aux parents en direct sur France inter. La teneur de ses propos pourrait largement être émis par n'importe quelle mère sensée. Qu'importe, elle utilise sa marque de fabrique, elle est « psy ».[2]

Les journalistes de leur côté n'ont guère à se forcer pour ressembler aux psys. La technique journalistique de l'interview est propice à l'exploration des âmes et le charme de la profession ainsi que ses attributs (caméra, micro) contribue largement au transfert. Jean-Yves Lafesse en a montré, avec grand humour, les dérives avec « ses impostures ».

A la radio, Ménie Grégoire fut aussi efficace que Françoise Dolto. Plus tard, on distingue mal la différence de ton entre « Doc » et « Difool ». Mireille Dumas ressemble, dans ses hochements de tête compréhensifs et jusque dans son look, à une égérie de la Cause freudienne. De nos jours, être animateur de radio ou de télé exige que l'on ait intégré tout l'appareil du prêt à penser « psy » : aucun problème, celui-ci fait partie de la culture nationale. La plupart des jeunes animateurs d'aujourd'hui sont tombés dedans avec leur mère soixante-huitarde quand ils étaient petits, point n'est besoin de rajouter la matière aux programmes des écoles de journalisme. Tous manient le « comment-vous-sentez-vous-c'est-un-complexe-vous-avez-refoulé-tout-cela-tant-d'années ? » avec une assurance confondante.

DE PSY SHOW À LA TÉLÉRÉALITÉ : LE POMPISTE ÉJACULATEUR PRÉCOCE EN PRIME TIME

C'est en 1983 qu'a lieu la première émission de « télé réalité », habilement parée des atours de la psychanalyse. Quelques années après Menie Grégoire et Françoise Dolto qui faisaient à peu près honnêtement leur boulot d'écoutantes grâce à l'anonymat garanti par la radio, Pascale Breugnot lance « Psyshow ». A l'antenne, le premier couple, Viviane et Michel, dont toute la France se souviendra toujours, relate ses difficultés relationnelles et sexuelles à feu Serge Leclaire — le dauphin de Lacan écarté par Miller. L'émission crée pas mal de remous médiatiques, mais pas suffisamment pour que, moins de 20 ans plus tard arrive le loft, dans toute son horreur.

Comme par hasard, ce ne sont jamais les « dominants » de la société que l'on rencontre dans ce genre de galère. Il serait bon de produire quelques statistiques sur l'appartenance sociale des témoins de ce type d'émission. Point de barons de l'industrie française pour venir raconter leurs déboires sexuels ou leur enfance malheureuse. Les seuls « puissants » qui se risquent à cet exercice font partie du « show biz » et sont déjà de plain pied dans la société du spectacle dont ils maîtrisent les arcanes. Ils ne le font d'ailleurs que dans le cadre d'émissions de promotion et plus rarement pour se faire psychanalyser en direct.[3]

Le Michel de « Psy show » est pompiste et lui et son épouse habitent un petit village. Les participants au loft, alignent péniblement trois mots sans faute de syntaxe. Et même si certains d'entre eux se débrouillent à peu près avec la langue de Molière, leur extrême immaturité les empêche d'avoir le moindre discernement. On retrouve là les populations « fragiles » décrites plus haut, proies faciles pour les psys.

Interrogés quelques jours après leur prestation sur Antenne 2[4], Viviane et Michel déclarent ne rien regretter et « être très contents d'avoir pu s'exprimer... »

Ils avouent que les réactions dans leur village n'ont pas été des plus accueillantes mais ils semblent n'en avoir cure.

Pourtant il serait vraiment intéressant de retourner interroger ce couple plusieurs années après. A défaut, on analysera que la satisfaction que Viviane et Michel expriment dans cette interview ne vise nullement les résultats thérapeutiques résultant de leur brève confrontation avec le psy mais seulement le fait « d'avoir pu s'exprimer ». Là est la ruse.

Prenez de pauvres diables qui n'ont jamais la parole, qui ne possèdent pas bien les techniques d'expression et vivent à l'écart des roueries médiatiques. Faites les venir sur un plateau, parlez leur comme à des gens d'une extrême importance, maquillez les, habillez les et il y a de fortes chances que ceux-ci voient une bonne parties de la mésestime qu'ils ont d'eux mêmes et ses corollaires s'évanouir, avec ou sans psy. Cela s'appelle l'effet pygmalion.

Beaucoup de pauvres gens aujourd'hui sont prêts à tout pour cela : sortir du rang, de l'anonymat, du fait qu'ils sont souvent isolés ou maltraités. Comme la mère de Frances Farmer[5], pour « ne plus être n'importe qui ». Et ils sont prêts à payer cela du prix exorbitant de leur intimité profanée. Car une intimité jetée en pâture à la télévision, est une intimité perdue pour toujours.

Du côté du psy qui participe à cette mascarade, la forfaiture est triple ; non content de donner une caution scientifique au voyeurisme, moteur lucratif de l'émission, pourvoyeur d'audimat, le psy scelle la façon de penser de millions de téléspectateurs et se rend également complice du média qui obère définitivement les chances du malheureux témoin de se sortir un jour de sa position de victime.

« Prête à tout » de Gus van Sant[6] explique plutôt bien les dégâts irréversibles que produit l'exhibition de la psyché à la télévision. Dans ce film, une journaliste — Nicole Kidman — s'improvise psy auprès d'adolescents semi délinquants dans le seul but de servir sa carrière. Elle les traque, caméra au poing, jusque dans les recoins sordides de leurs habitations, jusque dans les secrets inavouables de leurs vies intimes. Poussant plus loin la logique de l'utilisation des malheurs d'autrui, le cinéaste développe le personnage de l'actrice en une créature diabolique qui se sert des faiblesses et du besoin d'affection des jeunes interviewés pour mieux les manipuler et faire assassiner son mari, devenu gênant pour la poursuite de sa carrière. Les dernières images du film montrent ce que l'une des trois adolescents est devenue (les deux autres sont en prison) : une bête télévisuelle. Rodée à un seul et unique rôle, celui de témoin des cas sociaux qu'elle représente, elle énumère les shows auxquels elle est conviée sans plus se rendre compte à quel point elle est utilisée. Gus van Sant finit son film sur ce mariage monstrueux — car heureux — d'une adolescente disloquée avec une télévision vampire. Derrière la gamine, une série d'écrans alignés diffusent son image à des dizaines d'exemplaires... Elle n'est plus qu'un « pattern », figée là — et pour jamais — où elle avait été trouvée par la caméra indiscrète, sa dernière mauvaise rencontre.

Dans « Et l'homme créa la femme »[7] le participant lui, se rebelle contre l'émission de téléréalité qui lui a fait perdre son épouse en la révélant aux plaisirs de l'amour, faisant par là même de lui un cocu national et mettant au jour ses piètres qualité d'amant. Il revient le jour des « Awards » et tire sur la journaliste qu'il juge responsable de son malheur. Si celle-ci réchappe à la balle de justesse, elle est « flinguée » par la chaîne et licenciée, non pas par soucis de réparation envers le mari abandonné mais par désir de son employeur de se laver les mains de toute cette histoire. En changeant de journaliste, on change de ton, on calme les esprits. Néanmoins la vraie victime n'est pas vengée : sa vie a pris fin le jour où son intimité a été déballée en public, aussi n'a-t-il plus rien à perdre quand il prend son revolver.

LE LOFT, ET LA FRANCE SE TAIT

Quand « le loft » arrive en 2001, la place est chaude pour les psys. La radio elle aussi, depuis Menie Grégoire et Françoise

Dolto, est passée à la vitesse supérieure : Doc et Difool «prennent» à l'antenne des jeunes sauvageons au langage leste, leurs bases théoriques sont inexistantes, la démagogie est totale. On ne cherche plus à produire du bien être, cette fois on chasse ouvertement l'audimat.

Les psys sautent à pieds joints dans le gras filon de la téléréalité sans pour autant être mis à l'index par leurs collègues. On conserve un souvenir écoeuré de leur présence à la porte du loft. Le «confessionnal télévisuel» menée par Didier Destal fleure ce que la religion n'a pas offert de meilleur : l'inquisition et le contrôle social par le biais de l'aveu. Il eut été facile pourtant pour un des psys médiatiques officiels et habituels de prendre la parole pour dénoncer avec virulence le comportement de leur collègue. Mais non, c'est à peine si sortent deux ou trois articles et autant de livres[8] pour dénoncer mollement — dans un jargon psychanalytique réservé aux seuls initiés ou dans les colonnes confidentielles du Monde ou dans celles plus «tendance» de Libération — la désapprobation de la profession.[9]

Les médias quant à eux s'interrogent pendant quelques semaines pour savoir «s'il faut en parler ou pas», dansant d'un pied sur l'autre devant cette caverne d'Ali baba d'audience médiatique. Cette paralysie générale donne la mesure de la taille financière de l'enjeu.

Là encore pourtant, on retrouve le même type de participants à l'émission, ceux là même qui n'auraient pas refusé de faire un film porno ou un marathon de danse du genre «On achève bien les chevaux» si l'occasion leur en avait été donnée.

Ils sont jeunes, fragiles, tous sont étudiants ou employés, la misère culturelle et affective donne le «La» du loft : Kenza employée commerciale, Akim vigile, Loana vaguement mannequin, Steevy coiffeur, seule Laure semble appartenir à la bourgeoisie et possède déjà un bon niveau d'études. Beaucoup d'entre eux vivent seuls avec leur mère, Loana a même été placée et a placé à son tour son enfant à la DDASS ; comme par hasard, c'est elle qui «gagne».

Face à cette vague d'une violence inouïe, il aurait fallu, pour une fois, que les psys ouvrent la bouche et dénoncent cette course à la grosse baraque ailleurs que dans les salons de l'intelligentsia, qu'ils expliquent combien la téléréalité est le contraire de ce qu'ils se plaisent à appeler « la loi du père », « l'interdit de l'inceste », que la télévision du loft est une grosse mère toute d'oralité permissive qui autorise ses enfants à se balader sans slip dans la maison, attisant les convoitises des téléspectateurs pédophiles.

Là encore les psys déçoivent dans leur majorité. Si l'amendement Acoyer qui tente de remettre un peu d'ordre et les chiffres de l'INSERM qui remettent les pendules à l'heure, ont fait monter « la bande à Miller » chez le ministre, le loft, véritable abus en direct de sa jeune population, dévoiement avoué de la profession, n'a fait se lever personne.

AU CINÉMA ET DANS LA PRESSE ÉCRITE.

L'indécence n'est malheureusement pas le seul fait de la seule télévision populaire. Des magazines en papier glacé tout ce qui a de plus intello, prennent aussi le relais de la normalisation psy et de sa caution.

A l'époque, 1996, où sort le film « Ponette », monument de démagogie qui eut du faire lever les boucliers des associations de protection de l'enfance, Télérama publie un article sur les coulisses du tournage du film, et notamment une interview de la psy qui « suivit » l'enfant pendant ledit tournage.

Voici ce que déclare Marie-Hélène Encrevé, psy de plateau comme d'autres sont maquilleuses ou habilleuses :

> « (…) *Les enfants savaient que j'étais là pour eux et non pour le film, qu'on pouvait arrêter le tournage à tout moment s'il y avait des problèmes et que ce n'était pas grave, car Doillon en ferait d'autres après, comme il en avait fait avant. On les avait déchargé de cette responsabilité, de cette culpabilité.*
>
> *La difficulté d'un tel film pour les enfants était d'abord la séparation d'avec leurs parents, qui venaient les voir seulement le week-end. Mais le fait de mimer le deuil pouvait déclencher ou faire ressurgir des événements de leur histoire personnelle. Dans tous les entretiens que j'ai eus avec*

eux, ils ne m'ont jamais parlé du film, mais d'eux-mêmes, de leurs soucis, de leur vie. »

Encore une caution morale de plus ! On tourmente une gamine, on lui fait jouer qu'elle perd sa mère alors qu'elle a à peine 4 ans. Heureusement, il y aura toujours un psy dans le coin pour faire dire à l'enfant ce qu'il doit dire et jeter un voile pudique sur le fait que Doillon et les productions Alain Sarde sont entrain de faire du fric aussi sûrement que les studios d'Hollywood en faisaient avec Shirley Temple.

La petite Victoire Thivisol est du reste adorable et son petit visage bouleversé de douleur remporte à l'époque tous les suffrages de la critique sans que personne ne songe à la santé de l'enfant qui tourne ce genre de film. Puisqu'un psy a déclaré que Victoire ne souffrait pas et que les parents de Victoire devaient souhaiter au plus haut point que leur petite fille fasse ce film, alors que restait-il à Victoire sinon de dire qu'elle s'amusait bien et ne souffrait pas ?

Personne ne s'étonnera alors de voir qu'en 2000, quatre ans après le film, la même psy, sort un bouquin chez Bayard sur la façon de parler de la mort aux enfants...

La formidable ascension du magazine « psychologies » est également une preuve de l'irruption des psys dans la presse. La plupart des chroniqueurs du magazine sont des psys qui dispensent conseils et « bonne parole » pour reprendre le titre du livre de Dominique Mehl[10] Analysant les numéros depuis la première parution en mars 1998, l'auteur de « La bonne parole » nous donne à voir un royaume peut engageant du point de vue de l'esprit critique et de la citoyenneté. Oui, certes, d'autonomie il est question, on ne jure dans ce magazine que par « le libre choix », le « libre arbitre ».

UNE IDÉOLOGIE DOUTEUSE ET ENVAHISSANTE

Le mariage des psys et des médias est consommé. Est-ce une simple union entre gens de pouvoir pour des raisons d'argent ?

Dans son ouvrage, la sociologue Dominique Mehl, recherche les différents courants idéologiques dont les psys se font les fondateurs ou les relais grâce à l'accueil complaisant des médias. On se rend compte alors que l'enjeu de cette omniprésence des psys dans le paysage audiovisuel et intellectuel français est bien lié à la propagation d'idées très précises et non pas seulement à l'appât du gain.

Elle étudie principalement le discours des psys autour de la « parentalité », démontrant comment, depuis Françoise Dolto datée par elle comme « premier psys médiatique », le rôle social de « bon parent » est entièrement défini par la psychanalyse. Progressant ensuite vers le sujet de la procréation médicalement assistée, la sociologue observe que cette définition originelle par « la psy » du rôle de parent, a un impact sur toute l'organisation familiale et sociale qui en découle. Elle termine son livre par une étude du discours psy face au Pacs et à l'homoparentalité.

Le propos n'est pas ici de se prononcer ou non en faveur des thèses défendues par la sociologue, qui du reste semble avoir produit son travail dans le seul but de défendre l'adoption d'enfants par les homosexuels ; c'est le seul point sur lequel elle se positionne fermement. Observons par ailleurs que le chercheur n'omet pas de remercier chaleureusement, à la fin de son ouvrage, tous les gentils psys et les gentils journalistes — dont l'équipe familiale de « Psychologies » — qui « l'ont aidée » à faire son livre et lui ont ouvert leurs portes. Je n'ai jamais vu qu'un chercheur en sociologie censé être critique sur une population donnée remerciât les membres de ladite population de s'être laissés étudiés. Mais passons...

Peu nous importe que le milieu psy soit plutôt « conservateur » ou plutôt « libéral » sur tel ou tel sujet ou que Dominique Mehl ait été au bout de son sujet ou pas. Retenons la belle matière qu'elle nous fournit dans son étude des pages de « *Psychologies* » et qui en dit long sur « l'idéologie psy ».

Le tour de passe-passe qui fait se présenter à nos écrans et dans nos colonnes les psys comme hommes de sciences ou de lettres détenteurs d'un savoir universel, leur donne une longueur idéologique d'avance sur l'homme politique ordinaire en matière de morale et cela est très grave, car si l'homme politique est au moins soumis à la loi des urnes, le psy, lui s'impose d'autorité comme expert, « en douceur » et sans aucune possibilité de reniement par le public, subjugué.

En outre, l'idéologie psy ne semble se situer ni à gauche ni à droite mais dans un consensus mou et grisâtre qui valorise avant tout « l'individu » avec « un libre arbitre » (quel ânerie !) et « son bonheur », concepts totalement abstraits qui n'existent pas en tant que tels puisque nous appartenons tous à une famille, un groupe social, une nation, une planète et que nous sommes soumis à des lois économiques et génétiques impitoyables en dépit de loi sociales de plus en plus molles.

Les psys utilisent les média à l'envi pour tenter de nous faire croire que nous sommes démiurges de nous mêmes, idéologie séduisante pour les égos immatures mais dangereuse. On pense à ces diverses croyances en un surhomme qui ont généré les génocides que l'on sait.

Jean-Louis Servan Schreiber, qui serait bien placé pour craindre une telle résurgence, justifie le fatras idéologique dont son journal est porteur en prônant la psychologie « en kit », chaque lecteur venant faire son marché chaque mois et se fabriquant des principes de vie « sur mesure ». Cette démarche impliquerait donc que le lecteur de « *Psychologies* » n'adhère à aucune morale, mais à toutes à la fois... passant allègrement, suivant le vent qu'il fait, du chandail en cachemire du politicien à la canadienne du résistant, sans autre forme de procès. Belle perspective.

Cette fin de chapitre doit aussi mettre l'accent sur un fait récurrent : les enfants et les adolescents et par extension la famille, sont sans cesse au centre des enjeux idéologiques débattus médiatiquement par les psys. Dominique Melh a mis en évidence la main mise du pouvoir psy sur les questions de l'enfance et de la petite enfance. Ces secteurs sont du reste largement infiltrés par les métiers psys et connexes (éducateurs, assistants sociaux, soignants de tous ordres dont on sait qu'ils prisent et reçoivent l'enseignement des idées de Freud).

Cet intérêt de la mouvance idéologique « psys » pour les jeunes générations n'est pas anodin. Il traduit, selon moi, un désir d'emprise, une vraie volonté de façonner les jeunes esprits en formation et pour cela quel meilleur prescripteur qu'une mère ?[11]

Quel meilleur promoteur de l'idéologie « psy », qu'un sujet

qui fréquente des thérapeutes depuis sa plus tendre enfance, et ne connaît, par conséquent aucun autre son de cloche sur sa propre vie, sur sa propre histoire ?

Telle cette firme pétrolière américaine fabriquant des carnets scolaires à son image pour les petits et observant, à travers ses études marketing, que les enfants ayant possédé ce type de fourniture, se servaient, une fois devenus jeunes automobilistes, à ses pompes à essence.

Mais l'association des psys, garants d'un certain ordre moral, avec les médias peut aller bien plus loin quand elle contribue à éradiquer la pensée et la présence médiatique d'un « trouble fête ».

AFFAIRE BÉNESTEAU CONTRE ROUDINESCO : SI BÉNESTEAU EST ANTI FREUD ET QUE FREUD EST JUIF ALORS BÉNESTEAU EST ANTISÉMITE

En 2002, le prix de La Société Française d'Histoire de la Médecine[12] est attribué à l'unanimité au livre de Jacques Bénesteau « Le mensonge freudien, histoire d'une désinformation séculaire. »

Le livre de ce psychologue clinicien[13] au CHU de Toulouse, également enseignant à l'université, n'est pas publié par un éditeur français mais un Belge. Quoique enfin récompensé par ses pairs par ce prix, Jacques Bénesteau a, malgré tout, du aller chercher le droit de dire la vérité chez un voisin européen.

Ce travail est le premier en langue française, écrit par un français[14]. En 2002, date de sa parution, il n'en existe nul autre du même genre dans nos librairies et même si bien de ses confrères psychologues et psychiatres partagent l'opinion de Bénesteau, pas un seul n'a eu l'occasion — ou le courage ? — de l'écrire jusqu'ici, ni même de traduire les textes étrangers qui en font part : Freud est un imposteur, la théorie psychanalytique une vaste mystification. Et si toutefois, comme le prétend Madame Roudinesco, de tels textes existent on ne comprend pas pourquoi ils ne sont pas plus largement diffusés...

En France, la presse reste discrète sur la sortie du livre. Et pour cause, en France, la psychanalyse, c'est sacré ! La plupart de mes confrères sont allongés sur le divan et bien des directeurs de collection sont eux même analystes. Aussi, les journalistes et éditeurs français boudent-ils ce pavé de 400 pages bourrés de références précieuses et de passages inoubliables.

Pour ma part, c'est un participant à un groupe de parole de l'association « Mediagora », une association de patients, qui m'en parle pour la première fois.

A l'inverse, l'amendement Accoyer fait descendre dans la rue — ou presque — des centaines d'intellectuels qui cosignent la pétition « Touche pas à mon psy ». Les signataires sont tous en analyse. Ce sont tous des « beautiful people », aisés, cultivés, célèbres. « La France d'en haut » dans toute sa splendeur. On ne peut imaginer pire augure pour la sortie d'un livre aussi intelligent mais aussi peu soutenu médiatiquement.

Parallèlement, le Club de l'horloge dont nul n'ignore qu'il est très à droite, décerne le prix Lyssenko — un prix canular attribué traditionnellement par ses membres à ses « ennemis » politiques — à Freud et Lacan. Le club de l'horloge choisit de le remettre à celle qu'ils jugent comme la digne représentante des deux psychanalystes, Elisabeth Roudinesco. Concomitamment à leur démarche, ils saluent le livre de Bénesteau, simple rapprochement thématique.

Nous sommes en janvier 2004, quelques jours auparavant, une réunion houleuse a eu lieu à la mutualité lors de laquelle les psychanalystes français ont vigoureusement protesté contre l'amendement Accoyer.

Le contexte est donc très chaud dans les deux camps. Lors de la remise du prix à Elisabeth Roudinesco, le préfacier de Jacques Bénesteau, Jacques Corraze, qui a eu la maladresse médiatique de se rendre à l'invitation du Club de l'horloge, est largement salué pour son exposé sur la méthode Roudinesco, lors de l'attribution de ce prix Lyssenko, Jacques Bénesteau lui, n'y est pas.

Les quolibets anti freudiens pleuvent. C'en est trop pour Roudinesco, la pilule est trop amère. La chienne de garde des lacaniens va « se faire » un petit prof de province, ça ne lui coûtera pas très cher et cela la vengera des vexations des membres du club de l'horloge, contre lesquels elle sait qu'elle ne peut rien car ils jouent — politiquement — dans la même cour qu'elle. De plus, elle apprend que ce sombre inconnu de Bénesteau est primé par la société française d'histoire de la médecine dont elle-même a été lauréate. C'est plus que n'en peut supporter son égo démesuré d'universitaire nantie.

Toutes babines dehors, elle écrit, en juin 2004, dans la revue « Les temps modernes » : *« Le Club de l'Horloge et la psychanalyse : chronique d'un antisémitisme masqué »* [15].

Le cheval habituel des terroristes de la pensée est enfourché : si vous n'êtes pour nous alors vous êtes contre ; et la voilà partie pour démontrer sur 11 pages que, comme Bénesteau est anti Freud et que Freud est juif alors Bénesteau est antisémite.

Elisabeth Roudinesco extrait des passages de « Mensonges freudiens » et les compare sans vergogne avec la totalité l'ouvrage de Roger Garaudy [16] qui n'a rien à voir avec le sujet ou s'en va exhumer de vieux grimoires d'il y a trente ans que Madame Roudinesco présente comme fascistes [17], qu'elle prétend rapprocher d'un travail universitaire daté de 2002 et reconnu par les experts comme irréprochable.

Plus tard, au procès, son avocat, maître Kiejman, comparera plus hardiment encore « Mensonges freudiens » à « Mein Kampf ». On est en plein délire !

Toujours dans la revue « Les temps modernes » et dans le même article, comme s'il s'agissait de la même personne, Elisabeth Roudinesco explique de quelle manière le club de l'horloge s'y prend pour pourfendre les juifs sans être taxé d'antisémitisme. Quel rapport avec la psychanalyse ?

Maladroitement, Jacques Bénesteau porte plainte pour diffamation ainsi que le club de l'horloge. Les deux procès ont lieu le même jour, ils n'auraient pas du.

Cette fois « la presse française » est aux premières loges. Autant elle fut discrète sur le livre du petit universitaire, autant elle salive à commenter son procès contre la diva lacanienne.

Parmi les œuvres de mes collègues, je lis des titres qui aurait mérité un zéro pointé à l'école de journalisme, notamment celui de Pascal Ceaux [18] : « La psychanalyse remporte une victoire par KO », n'a rien à voir avec le sujet du papier et du procès. Bien entendu le mot de la fin est donné à Elisabeth Roudinesco « très heureuse de l'issue du procès ». C'est de la désinformation à l'état pur. Ce n'est pas, comme le laisse croire le titre, la psychanalyse qui est en cause dans ce procès mais des propos diffamatoires. Et ce n'est pas la psychanalyse qui triomphe mais Madame Roudinesco, à moins que mon collègue du Monde n'ait voulu présenter la psychanalyse sous les traits d'une allégorie ressemblant à Madame Roudinesco... sacré remède !

La 17ème chambre du tribunal correctionnel de Paris a en effet statué en la faveur de l'historienne lacanienne, et, distinguant les deux plaignants, a donné tort au Club de l'Horloge au motif que *« le fait d'appartenir à l'extrême droite ne porte pas atteinte à l'honneur, ni à la considération s'agissant d'un courant politique autorisé ».* Cette fameuse « liberté d'expression » qui autorise tout un chacun de vous traiter de raciste ou d'antisémite mais défend scrupuleusement de dire à son voisin de pallier qu'il est juif, même pour lui souhaiter de bonnes fêtes de Pessah.

Jacques Benesteau lui, n'a en réalité pas été jugé, sa plainte, (on appelle ça « la citation ») a été jugée non recevable, car elle a été mal formulée par son avocat en termes de droit (la procédure).

Le tribunal ne s'est pas prononcé *sur le fond* de son affaire, il ne le pouvait pas, car sa plainte n'a pas été acceptée. Donc son procès n'a tout simplement pas eu lieu, ce qui ne signifie pas qu'Elisabeth Roudinesco ne l'a pas diffamé.

Il faut bien insister sur le fait que les deux procès étaient indépendants et séparés dès le départ (deux plaintes distinctes, à des moments différents), mais qu'à l'arrivée, le jour du procès en avril, ils furent réunis en un seul. En outre le Club de l'Horloge avait également porté plainte contre le directeur de la revue « Les temps modernes », ce que Bénesteau n'a pas fait, il aurait demandé un droit de réponse à ladite revue mais celui-ci ne lui sera même pas accordé.

Avec « Le Monde », « Libération » et « L'Humanité » emboîtent le pas à Mme Roudinesco ; l'avocat de Bénesteau et Jacques Corraze, le préfacier de « Mensonges freudiens », est, disent-ils, un proche de Le Pen. Le livre de Bénesteau ayant été recommandé par le Club de l'horloge, l'amalgame est aisé.

Eric Aeschimann dans « Libération » se montre franchement méprisant — mais quel morceau de notre humanité ce journal ne méprise-t-il pas, mis à part une frange de « bobo » parisiens sis dans l'Est de la capitale ? — à l'égard de Jacques Corraze[19], l'accusant, tout bonnement et sans autres précautions, d'être « l'ami du front national », rien moins. C'est la curée[20].

L'intéressant de l'affaire est l'observation des méthodes employées par l'Ecole de la cause freudienne contre ses détracteurs : au lieu de construire une contre enquête en bonne et due forme et de rester à batailler sur le terrain universitaire, les lacaniens, en la personne d'Elisabeth Roudinesco, préfèrent se rendre sur le tarmac politique et envoyer des scuds nauséabonds qui polluent la planète, à l'instar des provocateurs qui narguent leur adversaire jusqu'à se faire casser la gueule et se faire ensuite passer pour des victimes. Les lacaniens sont des politiques avant que d'être des intellectuels.

Pourtant, les vrais libres penseurs se donneront la peine de lire le texte de Patrice Van den Reysen[21] qui examine avec soin les passages du texte de Bénesteau incriminé dans l'article vengeur de Roudinesco. Voici ce qu'il découvre :

> «(...) Revenons, un moment, sur la "méthode" de Madame Roudinesco, au risque de nous répéter, et de montrer un acharnement à vouloir rétablir la vérité par les faits. Elle écrit dans l'article cité plus haut et qui s'intitule : "Le Club de l'Horloge et la psychanalyse, chronique d'un anti-sémitisme masqué" que, je cite : *"(...)mêlant les deux textes, l'auteur des Mensonges affirmé qu'il n'existait aucun antisémitisme à Vienne 'entre la fin du XIXe siècle et l'Anschluss', puisque, je cite, "plus de la moitié des médecins et des avocats étaient juifs, et que la plupart des banques et la quasi-totalité de la presse étaient contrôlées par des juifs". Fort de ce raisonnement qui nie l'existence d'une réalité pourtant parfaitement établie, et tout en s'appuyant sur une "comptabilité" franchement nauséabonde, Bénesteau en vient alors à accuser Freud d'être l'inventeur d'une persécution antisémite dont on ne trouverait nulle trace en Autriche jusqu'en 1938, mais qui lui aurait permis de se faire passer, en tant que Juif, pour la victime d'un complot fabriqué par les non-Juifs.*» (Roudinesco).

(...) il n'y a absolument aucune négation de l'existence de l'antisémitisme à Vienne à l'époque de Freud (il suffira de lire attentivement les pages 189 et 190, dernière page incriminée par Madame Roudinesco dans son odieux article publié dans « Les Temps modernes »). En effet, on peut lire, page 189-190, ceci : « *(...)François-Joseph refusera quatre fois la nomination du maire élu de Vienne, le social-chrétien Karl Lueger, du fait de la réputation antisémite de celui-ci. L'Empereur ne pouvait supporter les querelles antisémites et exprimait son mécontentement, au point de quitter avec un ostentatoire fracas sa loge impériale du théâtre lorsque des spectateurs osèrent scander des slogans hostiles aux Juifs.* » Ensuite, toujours page 190, et citant Hirschmüller, l'auteur de « Mensonges freudiens » écrit que : « *En fait, ils (les juifs)* «*furent de plus en plus nombreux à parvenir à des fonctions de maître de conférences et de professeur dans les facultés profanes de l'Université, de médecins-chefs dans les hôpitaux, ainsi qu'à des postes de hauts et de très hauts fonctionnaires* », car, « *dans l'élite intellectuelle, les attitudes antisémites ne jouaient pour ainsi dire aucun rôle* ». Puis, Bénesteau termine la page 190, en écrivant que : « *Mais, à Vienne, deux ans avant l'Anschluss nazi, dans des conditions adverses bien troublées, 62 % des avocats et 47 % des médecins étaient des juifs.* » Comme on le constate en lisant ces passages (mais nous conseillons au lecteur de vérifier), il n'y a absolument aucune négation de l'antisémitisme à Vienne avant l'Anschluss par Bénesteau, c'est même le contraire, puisque, de toute évidence, Bénesteau attribue à l'Empereur François-Joseph, une attitude franchement hostile à un antisémitisme de fait à son époque, c'est-à-dire, déjà à la toute fin du XIXe siècle. Enfin, et en citant Hirschmüller reconnaissant que « *dans l'élite intellectuelle, les attitudes antisémites ne jouaient pour ainsi dire aucun rôle* », Bénesteau reconnaît implicitement (ceci n'a évidemment rien à voir au fait de reconnaître « inconsciemment » l'antisémitisme), qu'en dehors des élites intellectuelles, (sans doute, comme l'affirme Hirschmüller et non Bénesteau), cet antisémitisme existait bel et bien, sinon pourquoi aurait-il évoqué de façon aussi claire l'attitude de l'Empereur vis-à-vis de l'antisémitisme comme nous l'avons vu plus haut ? (...)

Malheureusement, Elisabeth Roudinesco a aujourd'hui gagné beaucoup plus que son procès. Elle a réussi à mettre « hors d'état de nuire » le psy de province avec l'aide et le total soutien des médias. On ne parle plus de « Mensonges freudiens » nulle part. Le débat continue pourtant, avec la sortie en septembre 2005 du « Livre noir de la psychanalyse » et il eut été logique que Bénesteau y figure en sa juste place, mais le voilà sans doute marqué du sceau de l'infamie, l'encre noire.

Mme Meyer, l'éditrice du « Livre noir » a beau jouer les agitateurs avec ses « dossiers brûlants » dont elle s'est fait la spécialiste[22], elle n'en produit pas moins un lourd pavé politiquement très correct dont elle a visiblement évacué Jacques Bénesteau par mesure de prudence médiatique.

L'ouvrage, qui ne donne la parole qu'à cinq patients en tout et pour tout, est finalement un débat d'intellectuels polis et « en vue » qui n'ont jamais fait de bruit, la version pro-comportementaliste de leurs pairs pro-freudiens.

Du reste, la plupart de ce qui figure dans le livre contre la psychanalyse était déjà écrit dans « Mensonges freudiens » de Jacques Bénesteau, mais là nulle reconnaissance, Bénesteau n'est cité nulle part !

La presse quant à elle, occulte complètement celui qui mit le feu aux poudres. Scandaleux est le dossier du « Nouvel Observateur »[23], sous la plume d'Ursula Gauthier suite à la sortie du « Livre noir de la psychanalyse ». La journaliste, y produit un amas grisâtre, vague résumé du livre, ne donnant ni tort ni raison à personne en terminant son dossier par une sage joute oratoire de deux universitaires des camps adverses.

Oui véritablement, les journalistes français font très bien leur travail au sens où l'entend Chomsky — qui lui s'y connaissait autrement en antisémitisme et en désinformation — ils s'emploient à consolider les élites dans leurs rôles et à écarter les dissidents de la pensée officielle. C'est affligeant.

Pire encore à « L'Express »[24], dans le dossier consacré au sujet suite à la sortie du « Livre noir », Bénesteau n'est cité que dans

« le registre idéologique », on y fait surtout mention du procès, des raisons pour lesquelles le procès a eu lieu et le journaliste laisse planer sur le livre la lourde accusation dont il est lesté, sans pour autant en détailler le contenu[25]. En revanche nous avons encore droit à une longue et douloureuse interview d'Elisabeth Roudinesco, presque aussi volumineuse que son article de fond, c'est dire où vont les sympathies de mon collègue de l'Express.

Aujourd'hui, ce qui devrait être une véritable remise en cause des méthodes et des comportements de certains psys français s'est transformé selon l'habituelle tradition du pays, en un débat de salon dont il ne sortira qu'un consensus mou et une redistribution de chapelles, de charges, de pairies et de chaires. Les comportementalistes veulent leur part du gâteau — et au chapitre suivant nous verrons combien il est appétissant — fort bien, cette part est en train de leur être concédée. Mais des morts, des suicidés et des souffrances des patients il n'en est toujours pas question.

La presse toute entière et l'édition, en « Le livre Noir de la psychanalyse », ont fait et continuent de faire le jeu des élites intellectuelles françaises représentées pour partie par les membres de l'Ecole de la cause freudienne.

NOTES

[1] « Les dossiers de l'audiovisuel », La documentation française, « Psys et medias sont ils compatibles », sept oct 2003. « Je refuse de jouer au docteur », pp. 52-53.
[2] France Inter, Le mercredi de 10 à 11 h.
[3] La seule qui parvienne à faire témoigner sur ce registre des personnalités est Mireille Dumas dans « Vie privée vie publique » mais elle prend soin d'utiliser des témoins ordinaires pour servir de « paratonnerre » et de « faire-valoir » aux célébrités présentes sur le plateau.
[4] Interview retranscrite dans « Les dossiers de l'audiovisuel », La documentation française, « Psys et medias sont ils compatibles ? », sept oct 2003.
[5] Frances Farmer, jouée par Jessica Lange, est l'héroïne d'un film « Frances » réalisé par Graeme Clifford en 1982, racontant l'histoire de l'actrice du même nom. Voir plus loin page 72.
[6] « Prête à tout » sorti en 1995 avec Nicole Kidman dans le rôle principal.
[7] « L'homme créa la femme » de Frank Oz, janvier 2005
[8] Article dans le Monde de François Jost, sociologue et auteur de « l'empire du loft », 2002

Interview par Hélène Marzolf dans Télérama de la psychanalyste Kathleen kelley-Lainé, « Un lieu régressif et mortifère », Télérama n° 2679 Paris 19-25 Mai 2001.
[9] Article d'Eric Favereau interviewant le psychiatre Serge Hefez « les candidats sont en danger », Libération 31 mai 2001.
[10] « La Bonne parole », Dominique Mehl, La Martinière, 2003
[11] Dans « Le parti psy prend le pouvoir », la journaliste Liliane Sichler explique comment les mères sont littéralement culpabilisées et prises en otage par la gent psy pour que l'enfant devienne l'être sociable et parfait que la société réclame. Voir le livre premier « Tu seras champion mon fils » page 15.
[12] http://www.bium.univ-paris5.fr/sfhm/debut.htm
La Société Française d'Histoire de la Médecine a été fondée en 1902 par le Professeur Raphaël Blanchard, de l'Académie de Médecine.
[13] Voici comment Jacques Bénesteau est décrit par Elisabeth Roudinesco dans son article de la revue « Les temps modernes » :
« L'auteur *exerce le métier* de psychologue clinicien », la perfide parle de l'auteur de « Mensonges freudiens » comme un le ferait un ingénieur aéronautique d'un mécanicien auto...On y lit tout le mépris d'une classe pensante et possédante envers ses subordonnés.
[14] En Belgique, Jacques Van Rillaer a publié « Les Illusions De La Psychanalyse » Pierre Mardaga – 1980.
[15] http://vdrp.chez.tiscali.fr/Roud_Diffa.pdf
[16] « *Les mythes fondateurs de la politique israélienne* » fut retiré de la vente en 1995. Lorsque « Mensonges freudiens » sera retiré de la vente lui aussi, nous en reparlerons.
[17] Pierre Debray-Ritzen, « la scholastique freudienne ». Debray-Ritzen est affirmé « fasciste » pour deux raisons : d'abord il s'en prenait durement au freudisme donc il subit les mêmes ennuis que l'auteur de mensonges freudiens. Et ensuite Debray-Ritzen est le médecin qui a succédé à la mère de Roudinesco dans un service hospitalier parisien où il s'est empressé d'évacuer tout le staff pro-freudien qu'elle (Jenny Aubry, la mère) avait implanté... Elisabeth règle les comptes de sa mère.
[18] Le Monde du 04 juin 2005
[19] Que dire de Jacques Corraze sinon qu'il est un universitaire reconnu en psychomotricité et a publié un « Que sais je ? » sur l'homosexualité qui ne serait pas du tout du goût de ses prétendus amis de l'extrême droite Le Péniste.
[20] Eric AESCHIMANN — Libération du samedi 16 avril 2005 : « Pour récuser ce soupçon, Jacques Bénesteau fait citer, comme il se doit, un ami juif. Puis, vêtu d'un étrange manteau de cocher à la Blake et Mortimer, s'avance à la barre son maître en psychiatrie, Jacques Corraze, ami du Front national, qui souligne qu'il a été, « en 1946, l'élève du professeur Henri Baruch, un juif pieux, profondément antifreudien... ».
[21] http://vdrp.chez.tiscali.fr/Antis_Psy.html
Patrice VAN DEN REYSEN est professeur agrégé d'éducation physique et sportive à l'Académie de Strasbourg. Son site est une mine d'informations savoureuses sur le lobby psy français.
[22] Les Editions des Arènes publient aussi « Noir Chirac », « Secrets atomiques », « La boîte noire ».

[23] Semaine du jeudi 1 septembre 2005 — n° 2130 — Dossier : Ce que dit « le Livre noir de la psychanalyse »
[24] L'Express du 05/09/2005 « La guerre des psys » par Gilbert Charles.
[25] Extrait de l'article : « Dans un registre plus idéologique, citons encore Mensonges freudiens (Mardaga), de Jacques Bénesteau, psychologue au CHU de Toulouse, qui présente la psychanalyse comme « une prodigieuse rhétorique de désinformation ». S'indignant d'un passage de cet ouvrage qui laisse entendre que Freud aurait contribué à alimenter l'antisémitisme en Autriche avant la Seconde Guerre mondiale, l'historienne Elisabeth Roudinesco a été attaquée en diffamation pour avoir publié dans Les Temps modernes une critique du livre où elle soulignait les relations de l'auteur avec la nouvelle droite et le Club de l'Horloge. Ces derniers ont perdu le procès, et Bénesteau ne fait pas appel. »

Femmes sous influence :
des psys et des femmes

Deux fois plus touchées par la dépression, les femmes sont aussi deux fois plus nombreuses à s'adresser à un psy.[1]

Or on pourra constater au passage, dans les témoignages présentés dans la seconde partie du livre, que les « consommateurs » de thérapies, brèves ou longues, appartiennent « comme par hasard » à des groupes de population « affaiblies » socialement, celles que l'ont retrouve en forte proportion dans les files de l'Assedic ou dans les métiers moins payés, moins qualifiés, ou précaires, ceux qui sont seuls : jeunes femmes, jeunes travailleurs, « victimes » de la guerre économique, quinqua préretraités malgré eux, retraités, divorcés solitaires.

Les femmes sont presque deux fois plus nombreuses (31,3 %) que les hommes (17,3 %) dans les statistiques des caisses de maladie pour le recours aux psychotropes. Après 60 ans, le pourcentage monte à 50 % pour les femmes (33 % des hommes). Il est vrai que ces derniers meurent avant leurs compagnes, les laissant seules...

Dominique Frischer, une sociologue, a réalisé l'une des rares enquêtes sur les analysés[2]. Elle a rencontré une soixantaine de personnes uniquement traitées par la psychanalyse. Ses interlocuteurs à elle appartiennent presque tous à la classe aisée ayant une profession rentable ou très rentable, il ne s'y trouve qu'un seul ouvrier. On peut donc en conclure que ce type de thérapie tend à regrouper les patients les plus « fortunés », laissant les autres se répartir sur des thérapies moins onéreuses ou moins reconnues...

Pour autant, la tendance générale démontre que les personnes en situation précaires, dont les femmes, tendent à avoir plus volontiers recours à un psy quel qu'il soit.

Les jeunes femmes surtout, aux prises avec leur premier travail ou leur première maternité, ont la volonté de devenir des « femmes modernes modèles » et se raccrochent trop souvent à l'illusion qu'une thérapie va pouvoir accomplir ce miracle. Elles perpétuent, à travers les visites chez le psy, la soumission à la volonté masculine d'une femme parfaitement aux normes.

En allant consulter pour la première fois, ces jeunes femmes ne se rendent pas toujours compte qu'elles mettent le doigt dans un engrenage qui ne leur permettra plus de devenir des sujets agissants, elles seront en permanence tournées vers l'approbation de leur psy comme leurs ancêtres l'étaient vers leur confesseur ou leur directeur de conscience.

Or les idéologies psys toutes confondues sont tout sauf féministes. Elles veillent surtout à remettre la femme tout à la fois au travail, aux fourneaux et aux berceaux. Sous couvert de lui donner la parole en analyse ou en thérapie, on la lui confisque dans la vie citoyenne.

La femme est une hystérique. Par exemple, le meilleur moyen de faire taire une femme est de l'étiqueter hystérique. Qu'est-ce qu'une hystérique ? Le sujet vaudrait bien un livre mais disons en résumé qu'une hystérique chez les psys de tout bord est une personne qui se sent vide et qui souhaite être remplie avec une tendance à la mise en scène d'émotions qu'elle est incapable de ressentir. A l'extrême, cette affirmation peut valoir pour toutes les femmes, hystériques ou pas, par amalgame abusif de la pathologie hystérique à la vacuité toute physiologique des organes féminins (utérus étant comme on le sait à l'origine du mot hystérie). Qu'elle veuille un enfant à toute force ou de nouveaux bijoux et la voilà cataloguée hystérique. Qu'elle élève un peu trop la voix et on lui reprochera de « faire son cinéma »

Les hystériques ont été et c'est fort amusant, les premiers patients de la psychanalyse mais ce sont le plus souvent des femmes, « sexe faible », que Charcot puis Freud ont « étudié ». Il est vrai que la suggestibilité de l'hystérique — homme ou femme — et son adhésion chaleureuse à toutes sortes de causes en faisait et en font toujours, une proie de choix pour la science mais aussi les sectes ou tout autre entourloupe. Il est néanmoins intéressant de constater que les séances d'hypnose de Charcot n'utilisaient que des « volontaires » féminines.

Cette confusion est faite par beaucoup de psys de toutes appartenances, persuadés que la féminité est une maladie en soi. « Les femmes sont le plus souvent hystériques », clament de nombreux thérapeutes. Par ce fait, ils insinuent de façon très nauséabonde que la femme est susceptible jouer la comédie à elle comme à ses proches, de manipuler, d'être vénale (pour être remplie). Pour Lacan, il faut qu'elle soit « dévastée » par l'homme ou bien il dit aussi que « la femme n'existe pas ». Sans commentaires.

France Farmer, lobotomisée. Il n'est qu'à observer la terrible descente aux enfers de l'actrice Frances Farmer — jouée par Jessica Lange — dans le film « Frances »[3] qui finit lobotomisée, « rendue à sa famille », comme le dit le psychiatre sur un ton satisfait en l'opérant de façon expéditive. New-York lui ment puis la lâche, Hollywood la broie dans son moule puis la jette dans la boue, les psychiatres l'achèvent enfin après une traque féroce qui débute dans une Amérique retournée à l'état sauvage, en pleine crise de 29 et prend fin au seuil des années 50 et de leur ultra conformisme lisse.

De la Frances libre et échevelée, errant dans une Amérique en déroute, évadée de l'hôpital psychiatrique et encore blessée à la lèvre par la morsure qu'elle s'est infligée pendant l'administration de l'électrochoc ; à la Frances au regard vide et au chignon impeccable qui boit le thé avec sa mère en répondant poliment aux questions des journalistes, il y a eu toute la force de coercition, la violence d'une société envers une de ses rebelles. Il y a eu un processus de normalisation extrême dont les médecins psychiatres ont été les maîtres d'œuvre. Officiellement, Frances était folle, il fallait la « soigner »...

Pourtant, le film, pour dénonciateur qu'il soit de la société américaine, reste curieusement fidèle à l'idéologie psychologisante qui sous entend que la mère de Frances est aussi à l'origine de son malheur et que ce sont aussi ces rapports mère-fille qui sont empoisonnés par la jalousie et la rivalité féminine. Tout se passe comme si le cinéaste ne pouvait pas se permettre de renoncer à ce morceau de la légende ou plutôt devait y sacrifier pour pouvoir se permettre de dénoncer les vrais coupables de la mort psychique de Frances. Il est vrai que c'est bien la mère qui fait interner sa propre enfant pour l'obliger à lui obéir et à être cette actrice qu'elle rêve d'incarner par procuration. L'image est terrible : affalée au bas de l'escalier de la maison familiale, anéantie par la haine et le ressentiment, le visage déformé cette fois par de la véritable folie, la mère se parle à elle-même plus qu'à sa fille : « Tu ne sais pas ce que c'est que d'être n'importe qui ».

Car le poison, le ressort dramatique du film, ce n'est pas la relation mère fille, le poison c'est Hollywood. Si Frances se marginalise dans son métier, si les journaux la canardent, c'est parce qu'elle ne veut pas rentrer dans le moule Hollywoodien, si sa mère la persécute, c'est parce que cette dernière n'a pu y entrer. Ces deux femmes sont divisées à cause de la norme et non à cause des rapports mère-fille. La norme c'est Hollywood, le discours, c'est celui de l'illusion, les garants du système sont la police... et les psychiatres.

Les doubles journées de la femme : on craquerait à moins !
Combien de femmes feraient l'économie d'un psy si le monde actuel ne leur vendait pas cette illusion : l'idée stupide qu'il est générateur de bonheur et d'épanouissement d'assumer de front vie professionnelle et vie familiale ?

Qu'on ne se méprenne pas sur le propos de ce livre, il ne s'agit nullement de « renvoyer les femmes à la maison » mais une fois de plus de les laisser s'échapper de l'étau idéologique pseudo progressiste qui voudrait qu'elles trouvent le bonheur dans une situation qui est tout sauf confortable. Ce qui était clairement annoncé comme du militantisme pur et dur dans les années soixante dix : se battre pour une véritable égalité des sexes s'est aujourd'hui transformé en obligation de faire, et dans la joie encore ! Et pour cause, les femmes travaillent deux fois plus qu'hier, quel profit pour le pays...

La réalité est que, depuis que les femmes travaillent, on continue allégrement de leur mettre des bâtons dans les roues, que le chemin se fait mais qu'il est long et lent et que durant ce temps des petites soldates tombent au combat de l'égalité des traitements et salaires. La vérité est qu'un comportement de conciliation du travail et de la maternité n'est envisageable que sous l'angle du combat militant qui restait supportable — et uniquement pour les volontaires motivées — en période de plein emploi et d'embellie économique. Mais à présent, il est devenu extrêmement périlleux pour la santé de vouloir jouer les Olympes de Gouge du bureau, chose que les psys feraient bien de rappeler à leurs patientes, afin qu'elles puissent comprendre leur mal être et opérer des choix : c'est-à-dire soit une amputation volontaire de la possibilité d'être mère, soit renoncer à faire carrière, soit concilier les deux en connaissance de cause et vivre dans le schisme permanent avec tout ce que cela suppose de risques de santé et de coups au moral.

L'illusion est ici de taille car la vérité — et les psys, garants de l'ordre public, ne le diront jamais — est que mener de front travail et enfants est une vraie guerre avec ses blessures, voire ses morts. Dans cette guerre, la femme n'est pas la seule en jeu, il y a aussi la façon dont son conjoint voit les choses et la façon dont ses enfants les vivent. Se lancer dans cette aventure ou y être forcée nécessite qu'on le sache à l'avance et non qu'on le subisse en se demandant pourquoi on est si triste et si fatiguée.

Celle qui a compris les vrais enjeux serait normalement obligée si elle écoutait vraiment son corps et sa tête, par les conditions qu'on lui fait, de choisir entre ses enfants et sa carrière pour avoir un peu de sérénité. Conserver les deux est, soit un acte de courage accompli par bravoure ou par obligation soit une ânerie qui risque de déboucher sur la prise d'antidépresseurs pour tenir le coup. Autrement, c'est une tricherie : Ainsi Ségolène Royal qui déclare publiquement pouvoir être mère de quatre enfants et ministre est une tricheuse de première qui ne rend pas service aux femmes ; une ou plusieurs « nounous », beaucoup d'argent et un grand besoin de façade sociale, voilà son secret pour se faire passer pour une héroïne socialiste voire une présidentiable et allez donc ! Idem pour les fonctionnaires ou les artistes, qui contournent habilement l'ordre établi : les unes bénéficient d'un statut aménageable, très protégé ou bien encore si insignifiant qu'il fait office de « boulot de façade », leur vraie vie étant alors « à la maison »[4].

Les autres, parce qu'elles ont le privilège d'exercer un travail qui est plus qu'un travail mais une vocation qui participe d'un investissement comparable à celui généré par la maternité, ne subissent pas ce schisme.

Néanmoins, pour la grande majorité des ouvrières, des employées, des cadres du secteur privé et des indépendantes, concilier travail et maternité relève de la haute voltige psychique et physique. Que les termes de ce choix soient inégalement valorisés, les psys se gardent bien de le dire, du reste ils n'y pensent même pas, là n'est pas leur propos.

La réalité est pourtant que la société donne tout l'avantage économique aux femmes qui choisissent leur carrière moyennant d'ailleurs d'énormes sacrifices — ou de belles « tricheries », comme celle de la grand-mère qui élève les petits enfants.

Celles qui préfèrent être pleinement mère ont rarement l'occasion d'en recueillir une reconnaissance sociale ou professionnelle quelconque si ce n'est grâce à l'aléatoire bienveillance de leurs proches ou au statut de leur époux, car le gouvernement se fout éperdument des femmes au foyer et de l'énorme plus value économique qu'elles dégagent.

Non, les thérapeutes de l'âme préfèrent aller fouiner par exemple dans les fumeux rapports mère-fille pour expliquer les angoisses totalement normales de centaines de milliers de jeunes femmes face à un choix cornélien, injuste et contre nature.

Les psys continuent néanmoins de faire comme si tout allait bien dans la société et refusent de prendre en compte la réalité sociale d'une patiente pour alléger sa souffrance. Or il est catastrophique de laisser croire à un patient à une réalité erronée pour pouvoir sauver un dogme de chapelle.[5]

SYLVIE, TROP FUSIONNELLE AVEC SON ENFANT...

Sylvie est comptable, assez mal payée, dans une PME. Son travail ne la passionne pas, mais elle n'en trouve pas d'autre, on est en 1994, le chômage fait rage et elle s'accroche à son siège. Elle vient d'avoir un bébé, son congé maternité prend fin. Elle laisse l'enfant en nourrice pour la journée afin de reprendre son poste et conserver un salaire qui, aux dires de son mari, est nécessaire ; son mari voudrait qu'ils achètent une maison. Quand elle laisse la petite, Sylvie est très malheureuse. Toute la journée, elle pense à l'enfant et elle vit très mal cette séparation. De plus, sa reprise d'activité s'est mal passée. A son retour elle s'est retrouvée placée d'autorité par la direction dans le même bureau qu'une collègue fumeuse; transgression de la loi Evin et façon commode aussi de pousser Sylvie dehors. Sylvie aurait voulu continuer d'allaiter sa fille même partiellement, aussi elle ne supporte pas cette fumée qui imprègne ses vêtements et qui, quand elle la respire, altère son lait.

Elle finit par aller le matin à reculons au travail et dans l'ascenseur de la nourrice, chaque jour, elle pleure. Pleurer souvent est passible d'antidépresseur dans la société du bonheur. Son mari ne l'entend pas. Elle se tourne alors... vers un psy, qui est une psy!

La réponse est la suivante : « Il n'est pas normal que vous réagissiez de la sorte, la plupart des mères laissent leur enfant en nourrice et n'en souffrent pas à ce point, vous êtes très certainement trop fusionnelle avec votre enfant, nous allons travailler là-dessus. »

Les voilà parties pour une série de séances à 40 euros — remboursées heureusement, Sylvie ne peut pas tout payer quand même, et le psy et la nourrice... — d'où il ressort que la mère de Sylvie était très fusionnelle elle aussi et très protectrice. On fouille, on fouille, on fait de l'archéologie cérébrale : Sylvie aurait peur d'affronter la vie, elle voudrait avec son enfant, recréer le cocon originel, etc. Sylvie verse des litres de larmes, acquiert une mauvaise image d'elle-même : comment, cette maternité si merveilleuse et épanouissante, voilà où cela l'a menée, dans le cabinet d'un psy, à verser des torrents d'eau salée ?

Entre temps, la situation s'envenime avec son employeur. Sylvie va de plus en plus mal, elle se sent nulle partout : au travail, avec sa fille qu'elle ne peut plus allaiter et avec laquelle elle est trop « fusionnelle »... Sa merveilleuse psy — Sylvie pense de bonne foi qu'elle est la seule chose positive qui lui arrive — l'envoie alors chez un collègue pour lui prescrire des antidépresseurs. La boucle est bouclée, Sylvie était une femme, une mère, la voici une malade, une patiente. Sylvie tentait d'être un sujet, la voici objet.

« L'inconscient », mettons que ce soit lui, recèle heureusement des trésors d'ingéniosité et parvient même à tromper les manigances des psys ; Sylvie s'arrête un peu trop souvent parce que, c'est normal, elle est dépressive. Aussi finit-elle par être licenciée. Curieusement, elle remonte la pente à partir de ce moment là alors que sa psy lui avait prédit mille tourments si elle perdait son précieux emploi. Sylvie récupère sa fille, cesse les médicaments et materne tout son saoul. Elle cherche du travail pourtant avec force et conviction mais « l'inconscient » veille et tant que le poupon tète, de travail Sylvie n'en trouve pas. Finalement, quand le bébé est sevré, au bout d'une longue année, Sylvie retrouve... un mi temps. Son choix s'est fait tout seul, malgré la psy. Sylvie s'est aménagé un habile compromis entre sa préférence pour le rôle de mère et le désir — un peu égoïste — du mari.

Elle coupe la poire en deux : un demi boulot de façade et un rôle de mère dans lequel elle se jette avec délices. Elle a cessé tout commerce avec la psy non pas qu'elle en fut mécontente mais « parce qu'elle n'en avait plus besoin », et pour cause, elle s'est débrouillée toute seule, à son insu. Mieux encore, elle déjoue avec habileté tous les pièges que la société lui tendait en tant que femme ; elle s'autorise, par le biais du chômage, son congé allaitement, elle « fait payer » son mari de sa préférence d'une maison à leur fille en « ne trouvant » qu'un mi temps. Bref, elle exige de son mari et de la société ce que ces deux derniers doivent normalement aux mères comme elle et ne leur donnent plus depuis longtemps : une assistance pour la belle tâche de mettre au monde un nouvel être humain.

LE SEXE, LE MÊME CHEVAL DE BATAILLE QUE L'ÉGLISE

Toujours grâce au discours psychologisant, la sexualité de la femme est devenue également l'enjeu d'une nouvelle morale des plus dévastatrices. Après avoir été censuré, interdit, culpabilisé, par la religion, le sexe se « libère » dans les années 60-70, par l'entremise des psys, porteurs de la théorie freudienne. Il faut jouir, « prendre son pied », à tout prix, si on ne le fait pas, on tombe malade, on n'est pas épanoui, on n'est pas ouvert aux idées nouvelles, au progrès.

On notera au passage que ce discours est exactement le même que celui des hommes d'église pourfendant la luxure : pratiquer le sexe hors du but de la procréation, se masturber, rendrait les pêcheurs à coup sûr « malades », difformes, fous et leur assurerait de brûler en enfer. Les psys reprennent le même refrain, à l'envers : si vous ne pratiquez pas suffisamment la sexualité, vous allez devenir névrosé. Leur enfer à eux, c'est la dépression, le malheur, l'exclusion d'une société de bien-être et de modernité.

Les hommes sont visés bien sûr, mais les femmes — et curieusement les féministes tombent dans le panneau — auraient parait-il deux fois plus de « distance » à rattraper en matière de libération sexuelle à cause de centaines d'années de grossesses non désirées. Il est vrai que la pilule et l'avortement constituent des avancées « formidables », des outils de tranquillité qui leur permettent de ne plus « craindre » d'être enceintes et donc de se donner à fond à leur vie sexuelle, une vie de plaisir... obligatoire.

Dès lors la sexualité devient à la fois un droit civique et un bien de consommation. Elle est surtout un levier de contrôle de plus sur les citoyens et les citoyennes.

MA FILLE EST UNE VRAIE FEMME : ELLE L'« A DÉJÀ FAIT »

En témoigne cette anecdote d'une mère qui parle de sa fille. Après s'être longuement étendue sur ses capacités scolaires nullement entamées par les nombreuses fêtes et les petits amis de la fin du mois de juin : sa fille a eu son bac haut la main ; la mère me raconte en plus avec délectation et fierté que sa fille prend la pilule depuis la classe de première, car *« cela a déjà été fait je te rassure »*. Tel un jeune puceau des années 20 devant à tout prix « jeter sa gourme », la jeune fille des années 90 (mais il en était déjà de même dans les années 70) doit à tout prix se débarrasser de sa virginité sous le regard attentif de sa soixante-huitarde de mère. Si cela n'est pas du contrôle social...

Ce que l'histoire ne dit pas c'est ce que la jeune fille ressent et si elle a une idée, même vague, de ce que les mots « secret » et « intimité » veulent dire. Il y a fort à parier qu'elle ira d'ici dix ans, consulter parce qu'elle ne jouit toujours pas, perpétuant à travers le psy chargé de la soigner — et qui n'en sait peut-être rien lui-même — les confessions qu'elle faisait à sa mère, en quête désespéré d'approbation : suis-je une bonne élève, une bonne fille, une bonne baiseuse ?

LA FEMME CETTE BELLE BAGNOLE

Dès les balbutiements de la thérapie analytique, la vision de la sexualité humaine se transforme et s'étudie scientifiquement : on parle d'énergie libidinale. Le langage des sexologues d'alors ressemble à celui d'un garagiste ou d'un physicien. Il lui ressemble toujours. On dresse des courbes orgasmiques, on parle de phases « plateau », « résolutives », on étudie le sexe à la loupe à l'aide de sondes, de machines. Et plus particulièrement le sexe de la femme dont la science se donne pour tâche de pénétrer les mystères. C'est aussi à peu près à cette période (années 60) que les sages femmes sont congédiées des chambres des accouchées, que les gynécologues s'approprient le moment de la délivrance et que l'allaitement maternel est en recul. Au nom de la science, la femme est plus que jamais dépossédée de son identité de femme pour mieux être soumise aux nouvelles règles de la société industrielle et de consommation. Elle devient un corps.

Freud va totalement dans ce sens mais consacre définitivement la misogynie des psychanalystes à l'égard des femmes avec son fameux concept « d'envie de pénis ». La femme envie le pénis de l'homme et c'est en y renonçant qu'elle accèdera à son véritable être féminin. Ben voyons. Quoique très décriée par de nombreuses femmes, cette théorie a fait bien du dégât chez les patientes. Jusqu'à cette malheureuse Marie Bonaparte, proche et fidèle disciple du médecin viennois, qui, ne pouvant renoncer à l'orgasme clitoridien comme le lui préconisait son maître, alla jusqu'à se faire opérer plusieurs fois de suite pour rapprocher chirurgicalement son clitoris de son vagin.[6]

Dans son livre « N'être », au chapitre ; « Dieu, l'orgasme et le fric », Roger Gentis[7] explique comment sur la base commune d'une vision mécaniste de la sexualité humaine, les travaux de Master and Johnson détrônent ceux de Wilhem Reich, à coups de gros capitaux américains. Si le capitalisme de l'époque s'intéresse à ce type de travaux, c'est bien qu'il y a gros à gagner sur le marché du sexe-bonheur.

Mais si Reich est détrôné par Masters and Johnson, c'est surtout que de « sexe machine à jouir » sa théorie avait évoluée vers un subversif « sexe liberté ».

Il faut noter que Reich était analyste et qu'il fut également pourfendu par ses pairs pour n'avoir pas collé au plus près à l'idéologie dominante de l'époque : le sexe est une machine il suffit de savoir le faire fonctionner pour se reproduire, mais cette fois, dans le plaisir. Car dans cette théorie mécaniste pure, il y a gros à gagner aussi pour les psys. Il y a l'argent : suite au triomphe des travaux de Masters and Johnson, les échoppes des psycho sexologues fleurissent partout aux Etats-Unis comme en Europe. Mais il y a surtout le pouvoir : les psys deviennent les porteurs de la bonne parole, ils détrônent l'église dans la propagation de la nouvelle morale dans laquelle la sexualité de la femme est mesurée à l'aune de celle de l'homme et de sa voiture...

Une fois de plus, psys et gros capitaux marchent main dans la main pour assurer le contrôle social par une connaissance et une main mise sur la sexualité.

C'est alors un défilé incroyable d'hommes et de femmes qui viennent confesser non pas qu'ils ont péché mais qu'ils ne pèchent pas assez. La pression est exactement la même, la culpabilisation aussi forte, le contrôle, par le biais de la confession, est identique.

Les patientes sont devenues de belles bagnoles qui consultent parce qu'elles ne jouissent pas selon les normes (on parle de « démarrage » à l'orgasme !) et s'attendent à être « réparées », et beaucoup d'hommes — qui se trouvent bernés également par cette vision des choses — consultent parce qu'ils ont des troubles de l'érection. Les psy, sous couvert de les soigner, perpétuent leur problème. Comment se sortir d'une pathologie qui a été inventé par les psys eux-mêmes, comment un humain peut-il épouser un modèle de comportement aussi rigide que celui calqué sur celui de la thermodynamique ou de la mécanique automobile sans subir quelques « ratés », « ratés » qui font de vous un impuissant, une frigide ? On retombe dans l'étiquetage cher aux thérapeutes de tous bords, et le piège thérapeutique se referme. Les médicaments prennent aussi le relais de la performance : le Viagra en est le dernier témoin.

« La femme est l'avenir de l'homme » écrivait Aragon. Puissent-elles aujourd'hui s'affranchir de la tutelle des psys, car c'est par elles que le lobby pourraient bien s'effondrer ; ne sont-ce pas elles qui emmènent leurs enfants consulter et exhortent leur conjoints à plus d'introspection ?

Je rêve d'un monde où l'intelligence et la créativité des femmes seraient au service de l'invention de la vie quotidienne et non pas de sa mise en conformité avec le moule moral psychologisant. Pourtant, quand on croise, au détour d'un divan, une freudo-lacanienne[8] orthodoxe et virile qui préconise le sexe à la hussarde pour tout potage thérapeutique, on peut douter de son propre sexe.

NOTES

[1] Semaine du jeudi 16 décembre 2004 — n° 2093 — Dossier du nouvel Observateur Ursula Gauthier
[2] « Les analysés parlent », de Dominique Frischer
[3] 1982 Réalisé par Graeme Clifford Avec Jessica Lange,
[4] On reconnaît ce type de femmes dans les organisations au fait qu'elles collent volontiers des photos de leur enfant au plus près de leur écran d'ordinateur, comme si elles s'arrangeaient ainsi pour ne pas quitter des yeux leur progéniture, y compris en plein travail. Parfois même, l'enfant forme le fond d'écran. Ces femmes partent en général à l'heure pile et profitent de tout ce que l'entreprise ou l'organisation peut leur apporter d'avantages sociaux, on les retrouve dans les très grands groupes, dans les administrations, dans les établissements publics à caractère administratif...
[5] Concernant la maltraitance par exemple, il a fallu attendre les années 80, la publication des ouvrages d'Alice Miller, psychanalyste dissidente, pour reconnaître à l'enfant battu le préjudice subit. Les psychanalystes ordinaires se contentant la plupart du temps de nier l'évidence voire de lui en attribuer la responsabilité. Lire par exemple : « L'enfant sous terreur », « C'est pour ton bien », « Libres de savoir », etc.
[6] « Marie Bonaparte » de Bourgeron Jean-Pierre, Presses Universitaires France, 1997.
[7] Roger Gentis est psychiatre et psychanalyste. « N'être » Flammarion, 1977.
[8] Voir en seconde partie le témoignage de Sophie M.

La vie privée des psys n'est pas un exemple

« Faites comme je vous dis et ne faites pas comme je fais », ainsi se résume la morale du psy. Tels des ecclésiastiques défroqués, les apôtres de la morale et de l'esprit sain (remplaçant « saint »), se conduisent mal et s'en cachent à peine. A l'instar de bien de ces cardiologues fumant deux paquets de cigarettes par jour ou de ces nutritionnistes à demi anorexiques, les psys ne sont pas à l'abri de la névrose, voire de la folie. Sans doute leurs maux sont-ils à l'origine de leur vocation, mais la question que je me pose moi, patiente ordinaire, c'est qu'avec toute leur science, comment se fait-il qu'ils soient toujours aussi tristes, cinglés, hystériques séducteurs, psychotiques et j'en passe ?

A commencer par le père fondateur de la psychanalyse qui fut durant douze ans au moins un cocaïnomane invétéré. Sans parler de ses disciples, l'une Ruth Mack Brunswick — analyste totalisant pour sa part de plus de 16 ans de cure — qui mourut alcoolique et toxicomane.[1]

LES PSYS, LAMENTABLES EDUCATEURS

Les psys n'ont pas spécialement œuvré au bien être de leur propres enfants. Logiquement, à défaut d'avoir la vocation d'être parents, on peut s'attendre à ce qu'ils soient au moins à l'écoute des dérives d'une mauvaise éducation ou de défauts de soins sur la personne de leur descendance. Les cas lus et entendus montrent au contraire que bien des psys agissent avec leurs enfants comme avec leurs patients : outre qu'ils ne font montre d'aucune chaleur et d'un amour très mesuré, ils les utilisent pour excuser leur morale chancelante, pour étayer leur dogme, pour se valoriser socialement, pour se prolonger. Ils les manipulent et les « instrumentalisent », pour reprendre un de leurs termes favoris.

Ils n'ont, d'après témoignages, lectures et observations, pas plus ni moins que des parents ordinaires, la science infuse en matière d'éducation, mais leur statut de penseur (panseurs) de l'âme humaine et de conseillers dans le domaine les rend encore plus difficilement attaquables sur ce chapitre que le parent ordinaire qui avoue s'être trompé. Etre fils ou fille de psy peut se révéler être très destructeur.

En matière de paternité et maternité déficientes, outre des extraits de deux des témoignages qui suivent en seconde partie, j'ai choisi deux autobiographies éloquentes : celle de Sibylle Lacan, la fille du psychanalyste du même nom et celle de Christophe Donner, auteur, qui écrivit voici trois ans, « L'empire de la morale », un double réquisitoire très sévère, contre son père militant communiste et sa mère psychanalyste.

On est frappé avant tout par la grande solitude affective qui se dégage de ces histoires « d'enfants de psys ».

Sibylle Lacan a écrit un livre court, sec, glacial[2]. Non pas que l'auteur ne soit pas une femme chaleureuse ; elle exprime toute une gamme de sentiments mais on sent derrière ses phrases lapidaires une privation totale d'amour, on a l'impression d'être un voyageur égaré traversant un désert affectif.

Le récit expose la façon dont son père l'abandonna à la naissance, purement et simplement, elle, sa mère, son frère et sa sœur, pour, avec une autre femme, fonder une autre famille ; comment il eut, au même moment où Sibylle naissait, une autre fille, Judith, devenue depuis Judith Miller l'épouse de Jacques-Alain Miller.

Tandis que Sibylle, dépressive, se morfondait en analyse, Judith devenait l'héritière officielle du clan Lacanien. Le passage suivant est terrible :

> *« J'avais une trentaine d'années. C'était une époque où je ne travaillais pas, en étant incapable. Une époque de vide et de douleur. L'époque de Montparnasse, l'errance. Alors que j'étais au Select, une vieille connaissance — un garçon devenu entre-temps psychanalyste — vint vers moi dès*

qu'il me vit. Il avait une intéressante nouvelle à me communiquer. Sais tu, me dit-il, que dans le Who's Who ton père n'a qu'une fille : Judith ? Le noir se fit dans ma tête, la colère ne vint qu'après.

(Quelques jours plus tard, j'éprouvai le besoin d'aller vérifier moi-même à la maison d'édition : l'ami-qui-me-voulait-du-bien ne s'était pas trompé.) » (p. 55)

A la blessure intime de l'abandon et du reniement s'ajoute l'humiliation sociale d'être officiellement détrônée de « la droite du père » par la seconde fille.

Mais il y a pire, page 61, Sibylle Lacan raconte comment son père se « rince l'œil » copieusement de sa nudité alors qu'il ouvre la porte de la salle de bain « par mégarde », prenant le temps de s'excuser en articulant longuement sans pour autant baisser le regard.

Attitude incestueuse également de l'inventeur de « la forclusion du nom du père » quand il envoie sa fille en cure chez une de ses maîtresses. Sibylle Lacan ne s'en aperçoit qu'une fois l'analyse bien entamée et toujours par l'entremise de la rumeur publique : *« Je compris alors que le tout Paris psychanalytique était au courant sauf moi »* (p. 50). Que dire d'un père qui livre l'intimité de sa fille à une femme qui partage son lit si ce n'est qu'il cherche ainsi à établir une relation à trois, dans le plus parfait mépris de la personne de son enfant et avec la plus grande perversité ?

Tous leurs échanges se bornent à de la nourriture — il l'emmène au restaurant — et à de l'argent, on sait combien l'argent est central chez Lacan (sa fille parle « d'attachement irraisonné » p. 64). Jusque tard, Sibylle Lacan dépend de son père, dépendance tragique puisque celle ci ne lui permet évidemment pas de venir à bout de sa dépression malgré des années de cure et trois analystes. L'enfant qu'elle est restée quête désespérément un peu d'amour et prend, misérable, les miettes que ce père dénaturé parvient à lui donner car, dans ce bureau où elle vient chercher sa « pension » et où défilèrent tant d'illustres patients, seule la photo de Judith trône. Et chaque fois que Sibylle vient chercher de l'amour elle ne reçoit que de l'argent et prend, en pleine figure, par cette photo unique, son reniement.

Et même l'argent, Lacan en donne peu, il « oublie » d'indexer sur le coût de la vie la pension qu'il verse à la mère de Sibylle. Et c'est elle encore, sous le regard insouciant de la photo de Judith, qui ira plaider deux fois la cause maternelle pour obtenir un peu plus.

Du lit de mort de Lacan, Sibylle et les siens seront écartés par ce qui est devenu « le clan Miller ». Le célèbre psychanalyste aurait refusé de voir sa fille une dernière fois.

CHRISTOPHE DONNER, « L'EMPIRE DE LA MORALE »

Dans « Petit Joseph », puis dans « L'Empire de la morale »[3], l'auteur que Donner est devenu raconte son enfance sous l'emprise d'une hallucination qu'il nomme « l'ankylose ». Le soir dans son lit, le préadolescent a l'impression que sa main enfle démesurément jusqu'à envahir toute la pièce puis se tourner vers lui, menaçante. Terrorisé, il n'en dit rien à ses parents. La mère de Christophe Donner est psychanalyste freudienne. Les faits se déroulent au début des années 70. Dans la première partie du livre, Christophe Donner raconte ce qui n'a pas lieu mais aurait pu être, il raconte ce qu'il se serait passé s'il en avait parlé à sa mère : psychanalyse, internement. La seconde partie du livre est pire, « non c'est faux », écrit-il, il a tout imaginé, l'asile de fous comme les séances inutiles chez le psychanalyste, en fait sa mère n'a jamais rien su, sa mère est passé complètement à côté de ses terreurs d'enfant. Christophe Donner veut-il protéger sa mère ? Le lecteur n'a pas à chercher à déterminer ce qui est vrai, de ce qui est faux, dans cette autobiographie à tiroirs, il lui suffira de noter la terrible vraisemblance de la première partie et de retenir la solitude de l'enfant qui court tout au long du récit. Il n'est question pour cet enfant que de conscience politique et de réussite scolaire, la tendresse, l'amour sont définitivement absents de son histoire. Que peut-on penser d'un petit garçon de 11 ans, qui s'écrie : « *Le parti communiste a trahi la classe ouvrière* », puis court s'enfermer dans sa chambre. Je suis peut-être idéaliste, mais je trouve qu'un enfant de cet âge devrait plutôt être occupé à jouer. Nul insouciance dans ces souvenirs, le seul moment où

Christophe joue est assez révélateur : il est dans le centre psychopédagogique pour enfants attardés où travaille sa mère, et tandis que celle-ci vaque à son boulot, Christophe empile des cubes utilisés d'habitude à tester le QI des pensionnaires.

Si Christophe Donner s'attaque avec autant de virulence au marxisme qu'à la psychanalyse, c'est que ses parents ont passé son enfance à l'ignorer pour mieux s'occuper de leurs engagements idéologiques respectifs, le dogme, toujours le dogme :

> « *Au cours de mes nuits de cauchemar, pas une fois mes parents ne sont venus me porter secours. Mon père voulait sauver le monde du capitalisme, ma mère voulait sauver tous les enfants retardés mentaux, ils se sentaient généreux de leur personne, irréprochables. Ils voyaient loin dans l'avenir, ils avaient l'amour du lointain, mais les souffrances de leur enfant ici présent, ils étaient incapables de les voir.* » *(p. 316)*

La mère de Donner, dans la première partie du livre, est conforme en tout point à nos autres psys-parents dénaturés. Elle couche avec un de ses patients, elle a des amants, Christophe est au courant de tout, elle divorce, son mari et elle se disputent la garde de Christophe tandis que celui-ci se retrouve en clinique pour sa maladie. Tout ce qu'il faut pour déstabiliser un enfant.

Dans la seconde partie, Donner revient sur ce qu'il a raconté mais admet être resté fâché quatre ans avec sa mère à cause de son homosexualité. Quand le fils fait le premier pas, non seulement il ne parvient pas à renouer le dialogue avec sa mère mais il reçoit quelques temps après une lettre de rupture d'une femme sèche et sans aucune tendresse pour son fils. Pour elle la psychanalyse et sa vérité passent avant toute chose. Voici comment l'auteur analyse finalement ses rapports avec sa mère, je trouve cette interprétation valable pour tous les enfants confrontés à des psys que ceux-ci soient leurs parents ou des intervenants extérieurs :

> « *Les parents adorent la psychanalyse parce que c'est un système où les enfants ont toujours tort au fond. Ils tuent le père, ils ont des désirs incestueux, ils se masturbent, ils ont*

des hallucinations « parce qu'ils n'ont pas réglé un certain nombre de choses ».

De leur côté les enfants acceptent la psychanalyse, ils s'y soumettent parce que c'est déjà ça, déjà quelque chose, un genre de relation entre leurs parents et eux. Ils sont avides de relations et s'emparent des seules que l'ont leur propose. Relations de culpabilité, de reproche, tant pis, ils font avec, faute de mieux. (p. 317)

CÉDRIC, ENFANT BATTU

Ce n'est pas à son père que Cédric eut affaire car celui-ci était loin mais à son psy de beau-père dont les pratiques pour le moins contestables sont décrites dans la seconde partie de cet ouvrage (voir le témoignage intitulé « business man »).

On peut arguer à décharge du « bourreau » que celui-ci n'était pas le père biologique de l'enfant, mais on sera très gêné aux entournures pour défendre davantage un homme qui accueillait chez lui des enfants en thérapie et professait tout un tas de théories élevées sur l'éducation alors même qu'il assommait de sa haine le fils de sa compagne.

Cédric a trois ans quand sa mère, Julie, divorce parce qu'elle a rencontré à l'université son futur compagnon. L'étudiante en doctorat de sociologie est béate d'admiration devant cet homme, titulaire de l'enseignement supérieur, même si celui-ci n'est qu'ingénieur d'étude et n'a, à l'époque, aucun des diplômes requis pour exercer la profession de psychothérapeute.

Comme dans les plus sordides faits divers, celui-ci prend immédiatement l'enfant en grippe et lui trouve tous les défauts, toutes les déviances. Son discours est d'autant plus redoutable qu'il est parfaitement argumenté par tout ce que Freud ou ses pairs ont pondu sur le sujet depuis des décennies. Ainsi Cédric serait « pervers » (les enfants sont des pervers polymorphes c'est bien connu), il serait « manipulateur » (on juge les autres à son aune) mais surtout, Cédric ressemble à son père, l'homme à abattre. Pourtant, ce dernier, en situation précaire, est retourné chez ses parents, pourquoi donc le nouvel homme de Julie tire-t-il sur une ambulance ?

L'expert en éducation entreprend de « redresser » le caractère de Cédric. Coups de ceinture, humiliations (publiquement, il lui barbouille le visage de son cornet de glace parce que l'enfant n'en veut plus), on se croirait chez les Thénardier. Selon les témoins, devant l'enfant, il dénigre son père, le compare au personnage de Reiser « Gros dégueulasse ». Pourtant, et alors que plus d'un est au courant de ces scènes, les dîners de notables universitaires de province continuent, on y discute en cénacles avertis des évolutions de la pédagogie, Julie la mère (mérite-t-elle encore ce nom ?) s'apprête à soutenir son doctorat tandis que le petit sanglote dans sa chambre. Les témoins encore, rapportent avoir vu l'enfant, âgé d'environ cinq ans, assis dans les gradins de la faculté à côté de sa mère. La conférence dure des heures et l'enfant, silencieux, immobile, ne bronche pas, il dessine. Nous sommes dans les années 80, ce type de comportement est alors rare pour un garçon de cet âge. En voilà au moins un à qui on ne prescrira pas de Ritaline[4].

UNE FILLE « BONNE À RIEN »

Si le psy de Sonia (voir témoignage intitulé « l'allumeur allumé ») aime à faire le joli cœur et à captiver les patientes dépendantes, il n'est pas aussi à l'aise dans l'éducation de ses filles. En tout cas même si celles-ci ne sont ni délinquantes, ni neurasthéniques, il se plaint de leur manque de rendement scolaire. L'aînée surtout, rate son bac deux fois. Comme la thérapie de Sonia se poursuit sur cinq ans, celle-ci a le temps d'être le témoin des deux échecs qui plongent son thérapeute dans le désarroi. Celui ci rêve, comme tout psychologue qui n'a pu faire médecine, que sa progéniture devienne psychiatre. Lors du second échec de son aîné, il déclare à Sonia en séance : « *Je ne sais pas quoi faire de ma fille elle n'est bonne à rien* ». Il est vrai qu'hors du bac et de l'université il n'est pas de salut possible pour un enfant nanti de parents aussi ambitieux qu'égoïstes. Un père se sentant responsable et impliqué dans l'éducation de son enfant aurait sans doute mis des moyens pour permettre à sa fille de s'épanouir autrement ou tout au moins comprendre le pourquoi de cet échec. Au lieu de cela le super papa se contente d'en appeler à un collègue de l'université qui a monté un cours privé en parallèle de ses activités et d'y coller sa fille pour révisions estivales, moyennant finances. Tout en continuant ses activités de cabinet et de séduction, sans lâcher une minute la rédaction de sa thèse, il intrigue auprès de l'académie pour autoriser à sa fille le triplement. L'académie refusera pour le plus grand bien de l'adolescente.

LES PSYS ET LE MARIAGE

Une avocate de ma connaissance, spécialiste dans le droit de la famille me racontait le divorce de deux psys qui manquèrent ce jour là de tout recul thérapeutique. « Tout allait à peu près bien dans le partage des biens et les modalités du divorce quand on en vint aux meubles : le lit conjugal posa problème, chacun voulait le conserver. » Quoique avocate, l'officiante ne manqua pas de voir dans ce lit litigieux, tout comme un psy l'aurait fait en pareil cas, le symbole de l'endroit où avait eu lieu la tromperie, elle expliqua : « l'épouse, qui partait pour un autre homme, voulait conserver le meuble, son mari ne voulait rien savoir, imaginant sans doute le nouveau couple dans ce qui avait été le lieu de leurs propres amours. Cela dura tant de temps et je facture, précisa l'avocate, au temps passé, que je suggérais à la fin, non sans ironie, de scier le lit en deux. Loin de comprendre mon trait d'humour, les futurs divorcés acceptèrent ma proposition. » Telle la mauvaise mère dans le jugement de Salomon, les deux époux préférèrent fendre une belle pièce de leur mobilier dans le sens de la longueur avec toute la stupidité qu'implique un tel geste, plutôt que d'accepter les faits, c'est-à-dire de « lâcher prise », pour reprendre une expression chère au monde psy, prompt à recommander aux patients de se détendre... pour mieux se faire rouler.

L'absence de recul des psys sur leur vie de couple est, de façon fort amusante, mise en image par Philippe de Broca dans le film « Psy » avec Annie Duperey et Patrick Dewaere. Un couple de thérapeutes se déchire sous les yeux de leurs patients lors de séminaires de groupe censés rétablir la sérénité de citadins surmenés (l'action se déroule au début des années 80). Leurs scènes de ménage sont aussi drôles qu'elles sont paroxystiques et donnent à voir combien le désir exacerbé d'être un exemple pour les autres peut amener à sombrer dans le plus affligeant des Vaudeville.

Dans l'ensemble, la mouvance psys des années 70 a largement contribué à la vague des divorces qui ont suivi et qui affectent aujourd'hui un couple sur trois en France, un sur deux dans les grandes villes. Sans pour autant leur attribuer la totalité de la cause de cet éclatement de la famille, on aurait pu penser que les psys mettraient leur art à consolider ou réparer les couples, belle vocation au demeurant, il n'en est rien. Toute la pensée psy repose sur le « libre arbitre » et « l'individu » et l'on « traite » un homme de 50 ans chargé de famille de la même façon qu'un étudiant imberbe au seuil de son existence. Sa psyché et le dogme qui la façonne passe avant ce qu'il a fondé. Irresponsables vis à vis de leurs patients, les psys le sont aussi dans leur morale. Qu'à cela ne tienne, ils géreront en cabinet la somme des egos de la famille nouvellement recomposée dont les enfants, les plus faibles au niveau de l'affirmation de soi, font les frais les plus lourds.

Dans les divorces également, le poids du psy pèse de façon effrayante sur la question de la garde des enfants. Nombre d'entre eux sont impliqués dans des manipulations de l'enfant à la demande de l'un ou l'autre des parents sans que personne ne puisse rien prouver, car on sait à quel point un enfant est influençable. Imaginons à présent que l'un des parents soit lui-même psy et on mesure le potentiel de manipulation dont les enfants qui se trouvent pris dans la tourmente de la séparation peuvent être victimes.

Quant aux tentatives de réparations des couples, ceux qui se sont fait, parfois même très honnêtement, thérapeutes familiaux, avouent recevoir les couples à un stade où ils ne peuvent plus rien pour eux. Avant cela, chacun consulte dans son coin, ce qui, dans la démarche, équivaut déjà à une amorce d'autonomisation par rapport à son conjoint. Aussi, entamer une psychothérapie est s'assurer à peu près à 80 % que l'on va divorcer dans les mois voire les années qui viennent, car les psys eux-mêmes sont de grands « divorceurs » qui n'hésitent ni à tromper leur conjoint de la façon la plus classique qui soit, ni à demander lestement le divorce pour mieux se libérer car... les occasions sont trop belles.

SÉDUCTIONS SUR LE DIVAN[5]

Car il y a pire, la frontière entre la pratique des psys et leur vie privée est curieusement poreuse. Alors que la théorie fondatrice même recommande de ne pas se laisser aller à des séductions via le divan, celles-ci sont courantes dès les débuts de la psychanalyse. Il est vrai que le cénacle est petit et que les « femelles » du groupe se doivent d'être mises en commun, ainsi Jung est-il polygame et Freud lui « piquera » une de ses patientes et maîtresse, Sabina Spielrein, non pas pour sa consommation personnelle — il avait pour cela sa jeune belle-soeur — mais pour le bien de la cause, la manipulant à l'envi. Allendy, autre disciple français « consomme » sa célèbre consultante, l'écrivain Anaïs Nin, laquelle succombera ensuite à Otto Rank son second psy pour que, plus tard elle-même, devenue psychanalyste à New York, applique la même règle à ses propres patients. Et ce n'est là qu'un exemple parmi d'autres innombrables. Qu'on se reporte pour le reste au livre de Jacques Benesteau, lui-même nourri de biographies édifiantes.[6]

Tout cela prête à rire quand on sait le luxe de précautions dont font mine de s'entourer nos chers thérapeutes pour éviter de recevoir en cure des personnes de la même famille, de simples amis ou pour sauvegarder un semblant d'anonymat au cabinet par des dédales de salles d'attentes à doubles portes.

Pour ceux qui relèvent du conseil de l'ordre, la consigne est la même mais les interdits ne sont pas pour autant respectés. Dans les témoignages de patients en seconde partie de ce livre, une bonne partie des psys séducteurs ou abuseurs sont aussi des psychiatres assermentés, cela ne les dérange nullement.

Rauda Jamis[7] raconte sa propre histoire concernant quelques séances avec un psy particulièrement entreprenant qu'elle surnomme non sans humour « Verat psy ». Dans son récit tout indique que l'homme est bel est bien médecin puisqu'il lui est recommandé par la mutuelle étudiante et exerce dans un centre de soins, il est donc « remboursé ». « Verat psy », après des travaux d'approche et voyant sa patiente lui échapper, va jusqu'à laisser de pressants messages sur son répondeur téléphonique, jusqu'à la plaquer contre le mur alors qu'elle tente de quitter sa dernière séance. Le Don Juan ne va pas jusqu'à l'embrasser mais dans ce type de témoignages de « séduction » j'ai toujours noté que les psys savaient s'arrêter juste à la limite de l'évidence, aux frontières de la légalité en quelque sorte. On ne sait jamais, s'ils devaient avoir à se défendre d'une éventuelle accusation de séduction, ils auraient toujours le loisir de se réfugier dans le « je n'ai rien fait », « elle se fait des idées » tout en ayant tout fait, l'air de rien, pour que l'acte soit consommé. Les témoignages de Géraldine, mais surtout de Sonia, en seconde partie, racontent des histoires similaires, dans lesquelles les thérapeutes restent toujours « à la lisière » de ce qui peut passer aussi bien pour une attitude thérapeutique que pour une avance amoureuse.

Que serait-il arrivé si Rauda Jamis avait cédé à son séducteur ? Il est probable qu'il n'aurait interrompu ni la cure ni les versements — devenus à l'usage, toujours selon le récit de l'auteur non remboursés et beaucoup plus élevés. La liaison se serait sans doute transformée en liaison « thérapeutique » pour le plus grand confort de l'un et la plus grande désorientation de l'autre.

Le psy de Joëlle Augeron[8] lui, a fait fi de toute prudence. L'auteur de « Mon analyste et moi », raconte sa propre histoire : durant plus de deux ans elle paie sa séance et est même remboursée par la sécurité sociale pour pouvoir faire des fellations à son analyste devant une fenêtre sans rideaux... Des fellations et rien que cela, ni amour, ni vraie liaison et sans avoir la force, comme beaucoup de patientes dans ce cas, de s'en aller. Quand elle demande des explications et cherche, tout comme Sonia, à savoir pourquoi son analyse piétine elle est purement et simplement congédiée, telle une domestique... qui payait.

Tout aussi éloquente est l'histoire d'Anonyma, auteur de « Séductions sur le divan »[9].

Pour elle, la « chance » est d'avoir eu une vraie liaison avec son psy, avec des rapports sexuels et des rendez-vous à l'extérieur, mais la malchance est d'avoir eu un psy qui voulait continuer à se faire payer ses séances. Son récit est parfaitement clair.

Le thérapeute utilise sa patiente et use et abuse d'elle jusqu'au bout. Il la prend puis la laisse, au gré de ses humeurs et de ses accès de culpabilité. Même quand elle cesse l'analyse, avec beaucoup de volonté, il continue de la contacter de loin en loin « pour l'hygiène » et à ses heures.

Avoir une histoire avec un psy est à déconseiller formellement : c'est se payer un gigolo alors qu'on n'en a pas encore l'âge, c'est rater à tout coup son analyse (si tant est qu'il y ait quelque chose à réussir), c'est perdre son compagnon ou son mari, ses amis et devenir, le temps que ça dure un vrai zombi dépendant mais c'est surtout occasionner des dégâts durables à son amour-propre.

Anonyma, déclare, après avoir passé cinq ans dans cette galère, avoir mis cinq ans à s'en sortir psychologiquement.

Toutes les patientes abusées sentimentalement (comme Sonia) ou sexuellement (comme Géraldine, Joëlle Augeron ou Anonyma) ont en commun d'avoir été « ferrées » comme de vulgaires poissons, leurs psys se servant du fameux « transfert » — qui n'est autre que la confiance que tout patient met en son thérapeute quel qu'il soit — pour les séduire et s'en servir ensuite comme esclave sexuelle ou comme groupie, payante... Les voici deux fois rémunérés.

NOTES

[1] Mensonges Freudiens Jacques Bénesteau, Mardaga
[2] Sibylle Lacan, « Un père, puzzle », Gallimard 1994, Folio n° 2923 2001
[3] « L'Empire de la morale », Christophe Donner, Grasset, 2001
[4] La Ritaline est une molécule visant à « tranquilliser » les enfants dits « hyperactifs ». C'est la nouvelle et — terriblement dangereuse — mode en matière d'éducation. Cette drogue menace de faire des ravages dans le milieu scolaire qui en est très friand...
[5] Dans une enquête publiée par le « Journal of the American Medical Association (JAMA) », 10 % des psychiatres reconnaissent avoir des relations sexuelles avec leurs patients.
Dans une enquête publiée par l'« American Journal of Ortho Psychiatry », 65 % des psychiatres interrogés disent connaître un collègue ayant ou ayant eu ses relations sexuelles avec leurs patients ou avec un patient.
Un rapport de juillet 1997 publié par « The Public Citizen Health Research Group », signale que 28 % des psychiatres américains furent sanctionnés sur des

sujets relatifs aux abus sexuels, chiffre bien supérieur à ceux de toute autre spécialité médicale.
Un rapport de 1978 signale le chiffre incroyable de 51 % de psychiatres impliqués dans des affaires sexuelles avec leurs patients.
In http://www.advocateweb.org/hope/whatissexualexploitation.asp
Il est regrettable que nous n'ayons pas de chiffres similaires en France.
[6] Jacques Bénesteau, « Mensonges Freudiens », Mardaga, 2002, p. 67
[7] Rauda Jamis, « Ce qui me gêne avec les psys », JC Lattès, 2003, p. 157-167
[8] Joëlle Augeron « Mon analyste et moi », Lieu commun, 1989.
[9] Anonyma, « Séductions sur le divan ou le malentendu amoureux », éditions de la Découverte, 1989.

Les illusions qui font les thérapies sans fin ou abusives

Avant de vouloir mesurer l'efficacité d'une thérapie, il faudrait que chaque patient se pose la question de ce qu'il y recherche.

Il est plus aisé de mesurer l'efficacité d'une cure si le patient souffre d'un symptôme précis (Phobie, angoisses, addiction, dépression avérée etc.), dans ce cas il existe tout un éventail de soins pour lesquels L'INSERM[1], à la demande du ministère de la santé, a effectué une étude et dont il a publié les chiffres. Ceux-ci sont probants et indiquent qu'une thérapie comportementale courte est indiquée dans la plupart des cas.

Si le mal-être est diffus et vise à une amélioration générale de l'existence, le problème devient beaucoup plus complexe car il est impossible de chiffrer le degré de mal-être d'un individu. En effet, celui qui boit ou qui fait des crises d'angoisse pourra lui-même ou à l'aide de ses proches, constater ne serait-ce que la fréquence ou l'intensité de la manifestation de ses troubles et de là, en tirer les conclusions et améliorations nécessaires. Mais celui qui trouve que sa vie « pourrait être meilleure » et recherche une réponse psychologique à un problème qui est, peut-être social, peut-être économique, sûrement philosophique, a toutes les chances de se fourvoyer dans les impasses dont ce livre est l'objet.

LA GUÉRISON À L'AUNE DE LA PSYCHANALYSE

Malheureusement, en France, la pensée analytique domine et l'on propose le plus souvent au patient, une analyse ou une thérapie d'inspiration analytique : des entretiens sans limite temporelle, sans évaluation préalable et en cours de cure, sans mesure réelle.

Dominique Frischer sociologue[2], indique suite à son enquête :

« Malheureusement aucun des analysés n'a interrompu son analyse avec la conviction d'être totalement libéré de ses infériorités ou de ses difficultés passées, avec la certitude d'avoir remédié complètement à ses manques, d'être guéri ». Malgré cela ils sont très fiers de faire partie d'une élite, d'une sorte de caste supérieure : « Vis-à-vis des autres, les analysés éprouvent la tranquille sérénité de ceux qui portent au front la marque des élus, des voyants, ce signe invisible par l'intermédiaire duquel se ralliaient les premiers chrétiens ».

Je ne critique pas ici la légitimité de l'analyse comme mode de pensée mais comme outil thérapeutique et comme *le* mode actuel de pensée, *unique*. Ce que l'analyse apporte, c'est une meilleure connaissance de soi même et de son histoire. C'est donc avant tout une démarche philosophique et ses retombées thérapeutiques ne sont absolument pas prouvées.

Pire encore, il semblerait que dans bien des cas, l'analyse soit carrément contre indiquée.

En réalité, on ne sait pas toujours si l'on est guérit. Pour ce qui est du comportement ou de la morale, allez savoir si le patient se porte réellement mieux ou s'il s'autosuggestionne. Il n'est pas rare de voir de nos connaissances claironner qu'elles se portent à merveille depuis qu'elles sont en cure alors que tout autour d'elles s'effondre et que, de l'avis général, leurs symptômes se sont aggravés ; elles donnent alors l'impression d'être de ces illuminés touchés par la grâce divine qu'aucun revers de la vie ne sauraient atteindre.

Les psychiatres que j'ai interrogés, de culture scientifique, n'oseront pas avancer de chiffres sur le sujet car en réalité ils n'en savent strictement rien. Certains ont l'honnêteté d'avouer ce flou, d'autres ne répondent pas, les derniers mentent effrontément et les plus audacieux — des analystes — prétendent qu'il est illusoire de vouloir guérir un patient !

Par ailleurs, une publication de Jacques Van Rillaer[3] indique qu'il existe les facteurs curatifs communs aux diverses modalités d'aide psychologique[4]. Parmi eux, l'effet placebo, mis en évidence dans des recherches médicales à partir de la fin des années 1940, les succès enregistrés par des non-professionnels de la psychothérapie (médecins sans formation psychologique, guérisseurs, voyants, etc.), liées donc à la personnalité du thérapeute, et les taux relativement similaires de guérisons ou d'améliorations de troubles névrotiques (2/3 des cas après 2 ans de traitement) suite à des psychothérapies de styles fort différents.

Lacan disait : « L'analyse guérit de surcroît ». Le patient aimerait cependant bien savoir où se trouve son acquis principal.

Pour Freud, l'analyse permet de déplacer le problème sur le contre transfert ou transfert névrotique. En résumé, comprenez : « Je n'ai plus mal là où j'avais mal parce que mon analyse me fait encore plus souffrir ailleurs... » Histoires de fous qui se cognent la tête avec un marteau.

Mais il y a pire, les désastreux résultats thérapeutiques de l'analyse commencent aujourd'hui à se faire jour. Jacques Bénesteau[5] indique qu'entre 1902 et 1938, sur les 307 membres de l'école freudienne internationale, une trentaine de patients de par le monde se sont suicidés. Toujours selon l'auteur, si l'on rapporte ce nombre aux statistiques de suicide mondiales d'environ 20 suicidés pour 100 000 personnes, on ne peut que s'alarmer des résultats obtenus par des individus qui seraient plutôt censées être protégés qu'exposés aux risques de suicide.

Dans une émission d'Apostrophe en 1989, l'inoxydable Elisabeth Roudinesco attaquée sur ce point affirme avec superbe « qu'il faudrait plutôt comptabiliser les suicides que la psychanalyse a fait éviter ». C'est bien la première fois qu'un membre de l'Ecole de la Cause freudienne accepte une évaluation. Evaluation du reste, impossible à réaliser sachant qu'il est plus facile de compter les morts que les vivants.

François Roustang se démarque de ses confrères par son honnêteté : « En réalité, toutes les thérapies se valent », répond Roustang à la journaliste du Nouvel Observateur[6] qui l'interroge. « Pas de thérapie, ça marche aussi : il a été prouvé que la simple inscription sur une liste d'attente suffit pour aller mieux ». Dont acte.

Pareillement, il n'existe à ce jour que très peu de témoignages racontant une cure réussie. Le plus célèbre a été écrit sous forme autobiographique par l'auteur Marie Cardinal dans les années 70[7]. Le succès de la cure de l'écrivain peut-être mesuré par la sédation d'un symptôme menaçant sa santé physique. Le bénéfice est donc réel. Mais pour un succès de se genre, combien voit-on d'histoires se terminant dans les brouillards de l'incertitude voire pire. Quant aux « cas » de Freud, j'invite les lecteurs une fois de plus à lire l'ouvrage de Jacques Bénesteau : Dora disparaît dans la nature, L'homme aux loups, subit une cure d'une longueur record et le petit Hans est un artefact, comme les autres d'ailleurs...

Les autres récits d'analysés ne sont guère convaincants[8]. Au mieux, ils disent avoir amélioré leur vie en reprenant des études, en changeant de voie professionnelle, certains parlent de survie, mais aucun récit n'est véritablement détaillé cliniquement. Les termes employés y sont, soit imprécis ; « c'est une question de survie », soit poétiques ; Untel « a dit adieu au jeune homme mélancolique qu'il était », soit abstraits « trouver une coexistence pacifique avec soi même ». Il faut dire que le livre d'Agnès Bardon, est plutôt favorable à ce type de soins et à la démarche philosophique que y préside. Aussi, n'y lira-t-on que des fins d'analyse heureuses ou neutres, un seul témoignage traduit le regret d'avoir accompli la démarche. Notons cependant au passage que l'intitulé du livre — « Ma psychanalyse est terminée » — résume assez bien l'unique bénéfice mesurable que l'on peut trouver à l'analyse : la fin, enfin.

Pour connaître les cas les plus graves, je vous engage à lire les témoignages de patients en fin de ce livre et à demander autour de vous ce que les déçus de l'analyse ou des thérapies d'inspiration analytique, en pensent. Bien sûr, vous entendrez beaucoup de récits en « demi teinte » qui n'avouent pas l'échec tout en n'annonçant pas non plus un franc succès. C'est que la pilule amère de cinq, sept ou dix ans de cure à 135 euros hebdomadaires en moyenne pour des résultats si maigres est extrêmement difficile à avaler ; qui oserait avouer à un tiers qu'il a été victime d'une pareille escroquerie ou qu'il s'est fourvoyé de la sorte ?

On voit bien que « l'investissement » financier et personnel important, réclamé par les psychanalystes et la plupart des psys français à leurs patients dès le début de la cure, va au-delà du prétendu succès de celle-ci. Cet « investissement » scelle un contrat léonin : il obère tout risque futur de désaveu de l'efficacité de cette cure par le patient, perpétuant ainsi l'idée générale que l'analyse est ce qu'il peut arriver de meilleur à un patient, qu'elle est même l'unique voie à suivre pour être heureux.

Plus largement, les patients les plus convaincus et les plus aliénés deviennent les meilleures prosélytes de toutes thérapies confondues.

LE BONHEUR

Les marchands de cette denrée inépuisable que sont les illusions, ont installé au frontispice de leur boutique le mot «bonheur». En 2005 quel est-il? Les composantes dudit bonheur tel qu'il nous est vendu sont au nombre de quatre : la guérison vient en tête, suivie par la vérité, la liberté et la sagesse. Les psys nous les délivrent sans ordonnance et sous forme d'injonctions que j'ai listé ci-dessous.

VOUS ALLEZ GUÉRIR

Certaines pathologies sont plus résistantes que d'autres et la psychologie n'est pas une science exacte. Il n'existe à ce jour aucune étude réelle démontrant de façon sûre qu'une psychothérapie guérit, aucune école n'a daigné, mis à part les comportementalistes, se plier à une quelconque évaluation. Et si elle guérissait, notamment l'angoisse, comment expliquerait-on le retentissant succès du livre de David Servan Schreiber «Guérir», sous titré «sans médicaments ni psychothérapie». Comment également pourrait-on justifier de tant de consultations, de consommation de médicaments, de dépressifs dans les cabinets de médecins généralistes? Et le nombre grandissant de livres sur «la dépression comment en sortir»?

Dans leur livre «Petit traité de manipulation à l'usage des honnêtes gens», RV. Joule et J.L Beauvois[9], tous deux psychosociologues, démontent le mécanisme qui entraîne un analysé dans ce qu'ils appellent «le piège abscons» d'une thérapie sans fin.

Ils comparent ces patients à une personne qui attendrait un autobus en vain et laisserait passer successivement deux taxis dans l'espoir de voir arriver l'autobus pour finir par rentrer chez elle à pied sous une pluie battante. Ils justifient ce manque de sens pratique ou d'à propos par un engagement excessif de départ (tant en argent qu'en énergie) et un refus de remettre en cause un système qui promet, par le fait de l'importance de l'engagement même, une guérison prochaine à condition que l'on sache l'attendre encore et encore. Plus on l'attend plus on s'engage, plus on s'engage moins on risque de quitter son thérapeute même si les résultats se font attendre...

On ne compte pas les patients engrenés dans ce type de cercle vicieux. Phénomène largement entretenu par ces psys qui exigent justement, par le truchement des prix — non remboursés — des séances, des séances dues même en cas d'absence, de leur fréquence, un engagement frisant la dévotion religieuse.

Pour peu que le patient soit peu confiant en lui ou manque d'estime de soi — ce qui fréquemment le cas puisque c'est cela même qui l'a obligé à consulter — il prendra cet investissement financier comme un moyen de se rehausser à ses propres yeux, un peu comme on dépense une forte somme dans de coûteux soins corporels ou de luxueux vêtements et le piège se refermera sur lui, exigeant de lui qu'il aille « jusqu'au bout » de son aventure intérieure.

Pire encore, pour peu aussi que ce même patient soit de nature dépendante, et si de surcroît son thérapeute s'avère peu scrupuleux ou en besoin de séduction, la cure peut durer alors très très longtemps...

L'actrice Diane Keaton, en psychanalyse à vie, à la ville comme dans les nombreux films qu'elle tourna aux côté de Woody Allen, déclarait dans un article de presse, dans les années 80 : « Je ne pourrais pas me passer de voir mon analyste chaque jour, cela fait partie de ma vie ». Voilà qui a le mérite d'être clair, Diane Keaton a la bonne démarche, elle ne cherche plus à guérir, elle a élu domicile chez son psychanalyste !

VOUS ALLEZ CONNAÎTRE « LA VRAIE VIE »

Oui c'est vrai à force de boire ou de se droguer on se complique les choses... jusqu'à la mort. Pourtant il est faux de dire qu'on ne vit plus si on se drogue ou on boit. Nombre d'illustres génies étaient des addictifs de tout premier ordre, cela n'a pas empêché Baudelaire ou Van Gogh de nous laisser un patrimoine culturel mondialement connu. Pareillement, d'affreux pervers ont eu le bonheur de régner sur de grandes nations et de mourir dans leur lit en prime. Quelle morale les psys prétendent-ils donc nous enseigner quand la vie est si fondamentalement irrationnelle et injuste ? A force de laver plus blanc que blanc, les psys se bercent eux mêmes de l'illusion que la vie d'un « guéri » est un paradis dont ils auraient la clef. Sauf que personne ne nous a encore expliqué de quoi était fait ce paradis, la religion en donne un avant goût mais c'est bien tout.

VOUS ALLEZ VOUS LIBÉRER

La question est « de quoi ? », de ses peurs, de ses addictions, de ses modes de fonctionnement névrotiques ? Admettons que cela fonctionne et que l'on soit affranchi de tout cela. Il faut d'abord savoir ce que l'on met derrière le mot « liberté ». Que ressent un être libre ?

Le plus bel exemple de liberté que l'on ait, est tout récent et concerne la libération sexuelle. Les psy n'étaient pas les derniers à en faire l'apologie, on peut même dire qu'ils en furent pour certains et par l'entremise de la « sexologie », les maîtres d'œuvre. Or que fait-on aujourd'hui de cette liberté ? Certes, les homosexuels ne sont plus honteux, les époux adultères ne divorcent plus à leurs torts, les perversions de toutes sortes sont assez tolérées. Mais les cabinets de psys ont-ils désempli pour autant ? Le discours de l'époque pourtant était uniforme ; la plupart de nos maux venaient d'une sexualité refoulée et notre inconscient malade n'attendait qu'une parole d'expert pour vomir ses fantasmes sur le tapis des cabinets au pied des divans. Ainsi fut fait : *« Mais oui me dit le docteur en se rhabillant »* chanta aussitôt l'impertinente Marie-Paule Belle dans « La Parisienne », parodiant une heureuse séance. Chacun jeta qui sa virginité, qui son mariage au orties. Il fallait « baiser » beaucoup, et de multiples manières.

La vérité est qu'on vit comme on peut, et que les données éco-

nomiques, sociales et génétiques pèsent sacrément lourd en face de nos trois séances hebdomadaires.
Pourtant la liberté reste l'argument chéri des analystes.[10]
Le psychanalyste Pierre Marie, interviewé par le nouvel observateur[11] déclare à propos de cette forme de cure : « N'ayant aucune idée du bonheur, elle n'a aucune illusion consolante à vendre. Elle peut juste vous aider à vous débrouiller par vous-même, sans rien attendre des autres concernant votre propre bonheur. »

Trop facile à dire : « Nous vous savez on n'est pas là pour vous vendre du bonheur ! Le bonheur c'est vulgaire ! » Mais alors messieurs vous vendez quoi au juste ?

Le journal commente alors, traduisant les propos du praticien : « La véritable liberté, l'autonomie authentique se trouvent tout entières dans le camp du divan, seul à offrir un vrai processus de connaissance de soi. Celui d'en face, toutes obédiences confondues, n'a à offrir que "suggestion" et "effet hypnotique". Elles vous rendent conformes aux normes dominantes et favorisent votre <u>adaptation</u> aux exigences et aux conventions de la collectivité. (…) Sans transfert et dénouement du transfert, la thérapie reste engluée dans le culte naïf du guérisseur. »

Nous y sommes : « culte naïf » et pourquoi pas « croyances païennes » ou encore « polythéisme thérapeutique » des cadres stressés délaissant, pour une multitude de « thérapiettes » parfois efficaces, la psychanalyse seule voie de l'intelligence et de la liberté ? Cette vision du monde véhiculée par le discours de Pierre Marie rappelle à s'y méprendre celle des évangélistes en visite dans les peuplades « sauvages », préambule à la colonisation des blancs. C'est aussi un racisme de classe. D'un côté ils y aurait ceux qui souhaitent « élever intellectuellement leur psyché vers les cieux freudiens » de l'autre les pauvres cons qui voudraient travailler mieux dans leur cambouis sans avoir trop mal à l'âme… ni au porte monnaie et choisiraient les thérapies comportementale tant honnies. La carotte étant « la fameuse liberté », tarte à la crème qui permit d'envoyer au charnier des centaines de milliers de jeunes gens à chacune des guerres qui saigna le pays.

VOUS ALLEZ COMPRENDRE « POURQUOI »

Autre grande farce du monde moderne, poser la question « pourquoi » évite à tout le monde de chercher une solution efficace (les économistes en période de crise, excellent à ce genre de spéculations). Paul Watzlawick[12] explique comment cette « rage du pourquoi » peut même induire un problème à elle toute seule. L'examen minutieux de son enfance et de ses blessures a un effet « loupe » sur nos malheurs. Et voilà tel patient qui se lance dans une analyse de quinze ans pour savoir *pourquoi* sa mère ne jetait pas un regard sur lui mais n'avait d'yeux que pour son frère aîné. Le temps passe, il en souffre toujours, sa vie se consume, il obtient des promotions ou pas, construit sa maison ou divorce, prend une maîtresse ou tombe malade, bref tout ce qui fait la vie ordinaire d'un homme moyen au seuil de ce troisième millénaire. A la fin, il a — peut-être — enfin compris pourquoi sa mère n'avait d'yeux que pour son frangin mais en 15 ans de dépenses hebdomadaires, il n'aura pas vécu ni mieux ni plus mal que son voisin de palier qui partait à la pêche à la place. Notre patient modèle, fils chéri de la société de consommation, aura juste acheté l'illusion du savoir, maigre pansement sur une plaie pourtant profonde qui continua de saigner durant ses quinze ans d'analyse et qu'il eût pu soulager autrement.

NOTES

[1] Une étude épidémiologique de l'INSERM a pu mettre en évidence que, à un jour donné, environ 6 % de la population générale (ce qui est une moyenne admise) souffre de troubles dépressifs avérés.
Par ailleurs, les études montrent bien que, quand on prend en charge la dépression de ces 6 %, 60 % à 70 % de ceux qui reçoivent un antidépresseur présentent une rémission partielle ou complète et que 30 % à 40 % répondent au simple fait de la prise en charge (effet placebo). Ces études montrent aussi que, dans le domaine des soins psychologiques, les thérapies cognitivo-comportementales ont une efficacité. Il est admis, enfin, qu'il faut traiter pendant une durée de l'ordre de six mois.
[2] D Frischer, « Les analysés parlent », Stock, 1977.
[3] J VAN RILLAER a publié en 1980 « *Les illusions de la psychanalyse* ». Ed. Mardaga.

[4] Un des 1ers ouvrages sur le sujet a été celui de J. Franck en 1961 : «*Persuasion and healing*». Baltimore : Johns Hopkins Press.
[5] «Mensonges Freudiens» Jacques Benesteau, Mardaga, 2002, p 61-62
[6] Nouvel observateur article d'Ursula Gauthier — Semaine du jeudi 16 décembre 2004 — n° 2093 — Dossier
[7] «Les mots pour le dire», Marie Cardinal, Grasset, 1975.
[8] «Ma psychanalyse est terminée», Agnès Bardon, Bayard, 2003
[9] «Petit traité de manipulation à l'usage des honnêtes gens», RV. Joule et J. L. Beauvois, Presses universitaire de Grenoble collection «vies sociales», 1987
[10] C'est même le camp retranché qu'ont choisi les membres de l'Ecole de la Cause Freudienne, à l'instar des idéologues totalitaires de ces 70 dernières années, ils prétendent être les seuls représentants de la liberté de parole et de pensée. Voir à ce propos le livre d'Elisabeth Roudinesco («Le patient, le thérapeute et l'Etat», Fayard, 2004) contre attaque opportuniste à la tentative de réglementation de la profession par les parlementaires.
[11] Nouvel observateur article d'Ursula Gauthier, semaine du jeudi 16 décembre 2004 — n° 2093 — Dossier
[12] «Changements, Paradoxes et psychothérapie» de P. Watzlawick, J. Weakland, R. Fisch, Essais points, 1975.

Le mot de la défense

Face à tout réquisitoire, si sévère soit-il, il faut que la parole soit laissée à la défense. Oui, il existe des psys sérieux et honnêtes et des patients satisfaits. Il existe aussi aujourd'hui des psys qui se posent les mêmes questions que celles évoquées par nous, patients et ex patients, au sein de ce livre. Car s'il y a crise de la « clientèle » — l'engouement pour les coachs et la prolifération des autres thérapies parallèles induit bien qu'il y a une crise — il y a aussi crise chez les psys.

Dès 1994, Edouard Zarifian, psychanalyste, déclare : « Une autre revendication de la psychanalyse est d'être un outil thérapeutique. C'est là que le bât blesse le plus. Si c'était vrai, depuis près de cent ans, cela finirait par se savoir... Objectivement, il vaut mieux ne pas être malade pour entreprendre une analyse ».[1]

D'autres, comme Paul Sidoun[2], s'interrogent sur le sens de leur travail, en profitant pour faire leur mea culpa et avouer — mais trop tard cependant — « que les rares études valides n'arrivent pas à prouver de façon significative que les bienfaits de dix ans de thérapie sont supérieurs à ceux de dix ans de vieillissement. »

MALAISE CHEZ LES PSYCHIATRES

Il existe des psys qui refusent le dogmatisme des cartels psychanalytiques, des psys que ne motive pas l'appât du gain, des psys qui se désolent d'être réduit à un rôle de psy de salon, Dominique Barbier, psychiatre en Avignon est de ceux là. Voici ce qu'il écrit :

> « (...) La société en crise ne sait plus dans son idolâtrie par perte du sacré à quel saint se vouer. Elle convoque ainsi

> *le psychiatre là où il se précipite : sa fonction messianique. "Venez à moi, vous qui souffrez et je vous soulagerai", les pauvres, les bannis, les mal-aimés, les bafoués... Nous assistons alors à une psychiatrie des Oracles.*
>
> *Dans une société technocratique, la psychiatrie représente le dernier bastion d'un humanisme moribond. Mais si nous n'y prenons garde, elle y perdra sa spécificité médicale en ne décernant qu'une vulgate en mineur d'une médiocratie participative où plus personne ne veut de l'autre.*
>
> *Si la psychiatrisation infiltre de très nombreuses démarches c'est qu'elle est devenue l'affaire de tout le monde et c'est son drame d'avoir accepté de façon sacrificielle cette démédicalisation.*
>
> *D'une science en gestation, elle devient pseudo consensus, consommée et broyée sans que le spécialiste n'y prenne garde. Il s'agit-là d'un signe des temps.*
>
> *Il existe une dépression de nos sociétés de l'incertitude. Et l'on demande à la psychiatrie de plus en plus en lui donnant de moins en moins.*
>
> *Nous n'avons plus d'internes qualifiés en psychiatrie, les infirmiers de secteur psychiatriques sont morts et l'enseignement de la psychiatrie qui se faisait aussi à partir de l'Asile n'existe plus. (...) »*[3]

Cette plainte non seulement est juste et sincère, mais ouvre la voie à une réflexion pour assainir la profession.

A l'évidence, les premiers et les seuls, dont le statut est légal et les connaissances médicales parfaitement adaptées à soigner le mental, sont les psychiatres.

Lorsque Dominique Barbier déplore que l'asile psychiatrique ne soit plus le creuset scientifique et universitaire qu'il devrait être, il a raison.

Ce qui a permis la prolifération des offres toutes plus fantaisistes en matière de thérapies, le clanisme et le dogmatisme des psychanalystes, le sectarisme des diverses écoles, le mercantilisme de tous bords, c'est bien la désaffection de la profession de psychiatre hospitalier.

A une époque où un sévère numérus clausus était pratiqué pour sélectionner les étudiants à l'entrée de la faculté de médecine puis à l'accès au concours d'internat, les moins bons, les derniers à choisir, allaient en psychiatrie.

Eternelle parente pauvre, celle-ci n'a jamais su offrir de carrière suffisamment prometteuse à ses meilleurs éléments. Aussi, lassés, les jeunes psychiatres ouvrirent des cabinets de ville et se convertirent à la psychanalyse, là ils trouvèrent pouvoir et argent, à l'instar de leur confrères cardiologues ou chirurgiens.

Avant de faire la chasse aux charlatans, il conviendrait de rétablir l'équilibre des forces en présence. On manque de psys, on en manquera dans les années à venir, pourquoi ne pas ouvrir cette voie aux médecins, aux généralistes ? Ce sont eux les mieux placés pour rencontrer les patients, ce sont eux qui en voient le plus et ce sont même eux qui reçoivent ces patients que les autres jamais ne reçoivent, cette cohorte de consommateurs de psychotropes qui disparaissent sitôt la prescription obtenue. Si les généralistes pouvaient prendre plus de temps pour accueillir ces patients là, pour parler avec leurs patients habituels dont tous sont consommateurs potentiels de psychothérapies, si les généralistes étaient clairement missionnés en la matière, s'ils pouvaient davantage prêter main forte aux psychiatres, une barrière de sécurité protègerait le patient des thérapies abusives.

Mais pour l'instant, un généraliste qui souhaite s'installer comme « psy », ne peut le faire que dans le cadre juridique réservé aux psychothérapeutes dont on a vu en première partie de ce livre qu'il pouvait rassembler tout et n'importe quoi. Quelle injustice pour ceux qui ont fait huit ans d'études, de se retrouver aussi chichement appointé qu'un conseiller d'orientation scolaire qui se découvre soudain la fibre psychothérapeutique !

TROP DE POUVOIR, PAS ASSEZ DE LOI

Le pouvoir du lobby psy et de l'idéologie qui le sous tend est colossal, on a vu dans ce livre qu'il infiltrait tous les milieux et surtout les médias, tous les modes de pensée, façonnait la vie intellectuelle française et détenait un énorme poids économique.

Nantis d'un tel pouvoir les praticiens de tous ordres n'en restent pas moins des humains et on peut tout à fait imaginer que n'importe quel humain, si doux et conciliant soit-il, puisse se transformer en loup si on lui en donne la possibilité. Il en est ainsi des appétits sexuels des uns, de l'avidité financière des autres, de la paresse de certains, du besoin de séduction de quelques uns, de la veulerie de tout un chacun. Tous les abus analysés ici recoupent les défauts du commun des mortels. Il n'est pas d'abus propre à la profession de psy, le seul abus qui soit à la racine de tous les autres, c'est comme l'a noté Samuel Lézé, « l'abus d'autorité ». Toute personne susceptible d'exercer un pouvoir sur une autre personne est en position d'exercer un abus d'autorité, c'est-à-dire d'utiliser sa fonction pour tirer profit de la personne sur laquelle il a autorité et négliger les soins ou les conseils qu'il est censé lui apporter.

Moins de pouvoir et plus de loi, c'est ce qu'il faudrait à la nébuleuse psy pour cesser d'être cette grande machinerie des abus.

Les psys sont isolés de la loi, eux qui se gargarisent de cette fameuse « loi du père », y sont étrangers, sinon, pourquoi tous ces cartels, ses syndicats et associations, faux certificats et bagouzes incantatoires ? Pour définir quel statut, quelle légitimité ? On l'a vu au chapitre qui déclinait l'identité des psys ; nombre de respectables professeurs d'université se plient de façon totalement infantile à leur chef d'école, afin de ne pas retourner dans l'anonymat de leur chaire ordinaire, afin de ne pas perdre leurs patients par désaveu du clan. S'ils étaient juridiquement soutenus pour exercer, de telles dérives seraient impossibles. Et du reste, les seuls qui réchappent à ce phénomène d'emprise, sont les psychiatres.

DES PATIENTS CONSOMMATEURS

Je reprendrai de nouveau le propos de Dominique Barbier, pour défendre les psys négligents ou abuseurs, Barbier écrit : *« L'on demande à la psychiatrie de plus en plus en lui donnant de moins en moins »*. Si l'auteur évoque plutôt ici la psychiatrie hospitalière et les crédits publics qui lui font défaut, je transposerais ce propos aux attentes des patients vis-à-vis de la profession psy toute entière, attentes démesurées car consommatoires.

Les patients réclament ce que la société leur réclame : bonheur absolu, sourire éclatant, performance, productivité, en un mot, perfection. Normal qu'ils se tournent vers les nouveaux chamanes pour avoir le mode d'emploi, oubliant par là même que le mode d'emploi n'existe pas.

La médecine, la faculté, l'école, tous les domaines sont touchés par cette exigence de nourrisson. Bientôt les étudiants feront grève parce qu'ils sont collés aux examens, l'école est sommée de produire 80 % de bacheliers, souvent illettrés.

Les illusions et leurs marchands sont partout, on oublie trop vite que tous les enfants du pays n'iront pas dans les grandes écoles, même s'ils ont le bac, et qu'ils formeront plutôt le bataillon aigri des diplômés sans emploi.

Il en est de même de la psy. La France a cette particularité de proposer beaucoup plus de cures psychanalytiques qu'autre chose et de vouloir tuer les mouches à coup de bazooka. Mais ce n'est pas pour autant que les français réfléchissent. Non ils consomment : du bien penser, de la philosophie, du standing, de l'amour de soi. La tentation est forte alors, pour qui veut devenir célèbre ou faire fortune, de saisir cette perche en or tendue par tant de narcisses en quête de bonheur. Le bonheur n'existe pas c'est un sport de le trouver. Bonne partie à tous.

NOTES

[1] « Les jardiniers de la folie », Edouard Zarifian, Points Seuil, 1994
[2] « Guérir... mais de quoi, les psys face au doute », Autrement (mutations), coll dirigé par Paul Sidoun, psychiatre, mars 2004
[3] http://www.psychiatrie.com.fr/sph.shtml?ass=1

Partie II
PAROLES DE PATIENTS

Les personnes qui témoignent dans cette partie sont tous des patients ou ex-patients qui ont eu au moins à souffrir des traitements des psys sinon à en pâtir sérieusement. Ces personnes n'ont pas été choisies de façon scientifique, selon un échantillon représentatif de la population par exemple ; pour la simple raison que cette enquête a démarré il y a dix ans et qu'il n'existait, ni à l'époque ni aujourd'hui, de population témoin dans le domaine du soin psychologique. J'ai donc accueilli ces divers témoignages comme ils me venaient mais j'ai présenté ici ceux qui semblaient les plus représentatifs ou les plus récurrents d'entre eux. Beaucoup de mes témoins, par exemple, ont évoqué la question de l'argent, j'ai donc choisi parmi eux les cas les plus caractéristique de ce type d'abus.

Les entretiens ont eu lieu pour quelques uns par téléphone, pour la plupart en tête à tête, quelques autres m'ont été transmis par courrier. J'ai moi-même été le témoin direct de certaines histoires.

Naturellement les noms, les professions et les lieux ont été changés à la demande des témoins, c'est dire leur honte... ou leur crainte.

Certaines de ces personnes témoignent pour ceux qu'ils ont vu souffrir. Tous les récits ont en commun de raconter comment une personne est prise dans un engrenage et reste en thérapie même si celle-ci s'avère inefficace ou dangereuse sur la base de la simple illusion de guérir un jour. Tous ont subi pressions, manipulations, leçons de morales et humiliations, dominés tantôt par le prestige de la « blouse blanche », tantôt par l'aura procurée par les titres universitaires, tantôt par le savoir-faire du VRP de l'âme.

Vous leur parlez
mais ils n'y comprennent rien

Les psys sont, à l'instar des universitaires, (qu'ils sont aussi bien souvent) très largement protégés derrière leurs bouquins et dans le système clos de leur pratique et de leur « école ». Certains d'entre eux, quoique écoutant des histoires très actuelles, voire tragiques, à longueur de journée : licenciements, harcèlement moral, incestes ou divorces, semblent avoir acquis — peut-être après tout pour se protéger de tous ces malheurs — une espèce de candeur bêtasse qui les présente comme à mille lieues du monde réel. On pourrait surnommer cette catégorie les décalés, ou les « à côté de leurs pompes ».

Parmi eux des mamies-tricot analystes dont on ne sait pas — puisqu'on a le dos tourné — si elles ne feuillètent pas un magazine d'un doigt discret pendant la séance et desquelles on s'attend à se voir prescrire de la tisane en cas de crise d'angoisse.

Parmi eux aussi, de belles et bonnes bourgeoises provinciales de bleu marine vêtue, passées du patronage au divan, chargées de soulager tout à la fois âmes et porte monnaies pour le plus grand bien de l'ordre moral et des comptes du ménage dont elles assurent, par le cabinet qui jouxte la cuisine familiale, les petits extras.

Parmi eux aussi tous les professeurs nimbus et gardiens de chapelles psychanalytiques qui lisent plus qu'ils ne soignent et qui, de façon assez monstrueuse, reçoivent des patients dans l'unique but de les faire entrer dans l'un de leurs cadres théoriques.

Tous ces thérapeutes jouent tantôt sur le registre du savant, souvent sur celui de la maman. Les psys femmes relèvent souvent de ce dernier style car elles « collent » volontiers au modèle de l'infirmière, de la mère ou de la bonne élève comme si elles ne souhaitaient pas faire d'ombre à leurs collègues masculins plus renommés. L'exercice de la psychologie est pour elles un travail d'appoint ou une occasion de « faire le bien ».

« SOIS SAGE Ô MA DOULEUR »

Ainsi cette psychanalyste férue de littérature totalement impuissante devant les attaques de panique de sa patiente, lui préconise de se répéter les vers célèbres lorsqu'elle sent venir une crise : « Sois sage ô ma douleur ».

Elise, 30 ans, qui raconte cet épisode, n'est pourtant pas restée plus de trois ans chez cette Lacanienne de 60 ans dont elle ne pouvait rien penser puisque cette dernière, durant toutes ces années ne lui a pas dit grand-chose.

« Ce n'est pas qu'elle n'intervenait pas » raconte la jeune femme, « mais je serais incapable de vous dire aujourd'hui ce qu'elle pensait de mon cas. Tantôt elle abondait dans mon sens, tantôt elle émettait des lieux communs du genre "ça n'est pas rien". En fait, elle ne se mouillait pas beaucoup. Je n'ai pu voir son véritable visage que lorsqu'elle a été suffisamment décontenancée par mon attaque de panique à son cabinet pour me sortir cette phrase stupide. »

Suite à cette séance, Elise raconte qu'elle est rentrée chez elle complètement désemparée. Ainsi avait elle remis sa santé tout ce temps entre les mains d'une femme qui n'avait même pas fait l'effort de se documenter sur la pathologie de sa patiente. « J'ai quand même voulu retourner la voir une fois pour lui expliquer la raison qui motivait mon départ, et là le masque est carrément tombé. Elle s'est brutalement levée de son fauteuil et s'est mise à glapir *"eh bien faites, faites mon petit chou"*. J'entends encore le ton de sa voix, heureusement qu'elle n'avait presque rien dit avant car cette voix méprisante m'aurait fait fuir à coup sûr… Je suis partie avec le sentiment d'avoir fait gravement fausse route. Je l'ai quand même payée et en lui mettant les 45 euros sur le bureau, j'ai fait mentalement le calcul de toutes les séances que je lui avais réglées depuis trois ans, ça faisait une somme. Par cet éclat, c'est comme si tout mon fric venait à ce moment de partir en fumée. Ça fait mal je vous jure. »

(Elise, 30 ans, consultante en ressources humaines)

LUTTE DES CLASSES

La cure fut beaucoup plus courte pour Karima, jeune beurette élevée à Vaux en Velin et devenue journaliste à Paris. En une séance, elle comprit qu'elle n'avait rien à faire là. Karima est une fille volontaire qui s'est faite toute seule en dépit d'un passé très lourd. Probablement comme elle l'avoue elle même, souhaitait-elle « passer par la case psychanalyse » pour devenir un peu plus « parisienne », un peu plus « intello », un peu plus « française ».

« Déjà la salle d'attente m'a foutu le cafard, c'était froid et bleu avec du velours et des pampilles partout et puis je me suis retrouvée en face d'une petite grand-mère bien propre, quoiqu'un peu bourge, et ça m'a redonné un peu confiance. Je me suis mise à lui raconter à nouveau tout depuis le début, je dis ça parce qu'à Lyon j'avais déjà entamé une thérapie dans un dispensaire suite aux abus sexuels que j'avais subis de la part d'un membre de ma famille. Et quand j'ai trouvé du travail à Paris, mon psy de Lyon m'a donné trois adresses ici. Les deux premiers psy n'avaient plus de place pour me prendre alors je n'avais plus que cette adresse là dans le 16ème. Je savais que c'était une analyste mais à la limite je trouvais ça mieux. Il me semblait qu'on ferait un travail "plus à fond" que par simple entretiens. Et puis l'idée de l'analyse me plaisait intellectuellement. Je me suis jetée à l'eau dès le début de la séance parce que je n'aime pas perdre de temps et puis on était d'abord en face à face et je voulais savoir comment elle allait réagir à mon histoire. Et là j'en ai pas cru mes yeux. Dès que j'ai eu prononcé le mot "d'inceste", j'ai clairement vu le dégoût sur son visage et à mesure que j'avançais dans mon récit, je la sentais de plus en plus dégoûtée. Vers la fin je lui ai posé des questions pour savoir ce qu'elle pensait de tout ça, enfin pour savoir quoi, et c'est tout juste si elle arrivait à me répondre du bout des lèvres, j'avais l'impression qu'elle me crachait les mots sur le tapis à ses pieds et qu'il me faudrait ramasser les mots par terre à quatre pattes pour arriver à tout comprendre, quand elle me disait "vous", on aurait dit qu'elle me repoussait de peur que je l'approche trop. C'est là que j'ai un flash. En baissant les yeux vers le tapis tellement elle me mettait mal à l'aise, j'ai vu qu'elle portait des godasses très typiques, des babies vernies avec une barrette et une boucle sur le devant,

comme on en met aux petites filles au parc de la Tête d'or. En même temps je voyais mes propres pompes — des camarguaises — qui dépassaient de mon jean et là je me suis choppé le fou rire, nerveux. J'ai pigé le rapport entre les godasses et sa vision de la sexualité et donc j'ai mieux compris pourquoi mon histoire la dégoûtait. J'ai filé. Finalement je me suis dis qu'entre moi et elle n'était-ce le seizième arrondissement et le prix de la séance (70 euros aujourd'hui) on aurait peut-être pu s'entendre parce que moi aussi dans ma tête, je suis restée un peu une petite fille. »
(Karima, 38 ans, journaliste indépendante)

LA MORALE DE L'ANAFRANIL

Peut on décemment posséder une plaque de psychiatre et ignorer les effets secondaires de l'Anafranil et du Tranxene ? L'histoire se passe dans les années 80, Etienne vend des voitures dans le sud de la France, il a 25 ans et fait une dépression. Il consulte alors pour la première fois.

« Ma psychiatre m'a prescrit des antidépresseurs, de l'Anafranil 75 à raison de trois par jour plus du Tranxene 5, deux dans la journée et un 10 le soir. Je me suis tout de suite senti mieux d'autant que j'étais pris en charge, surveillé si vous voulez. Malheureusement, elle ne m'a pas prévenu que tous ces médicaments faisaient somnoler et dans mon boulot il fallait que je conduise. Elle le savait pourtant puisque c'est à cause de mon boulot que j'ai plongé. J'ai quand même pris mon traitement mais j'ai eu, en six mois, deux accidents de voiture. Rien de grave mais c'était les voitures de l'agence et mon chef a failli me licencier, il croyait que je buvais alors j'ai du tout lui avouer. Ça n'a pas amélioré nos rapports. Au fil des mois, ça pouvait aller avec cette femme, la psy, mais je me suis mis à avoir un drôle de comportement. Moi qui ai toujours été l'honnêteté même, quand j'étais gamin je ne volais même pas un bonbon c'est vous dire ! Eh bien je me suis mis à piquer dans les grands magasins. Un après midi au lieu d'aller bosser ça a été plus fort que moi je suis allé dans un grand magasin du centre ville et j'ai volé une paire de gants de conduite. Je n'en avais absolument pas besoin mais c'était trop bon de les emporter sans payer. Après c'est très vite devenu une sorte de sport, je volais des trucs essentiellement pour moi et de plus en plus gros. Dans la région de Nice il y a un grand centre commercial, à l'époque il n'y avait que deux ou trois vigiles qui facilement repérables dont la mission était de servir de dissuasion aux gitans qui campaient pas loin. Moi avec mon costard de jeune cadre, personne ne me repérait. Pourtant je me sentais très mal parce que j'avais l'impression que ce n'était pas moi qui faisait ça. Quand je lui en ai parlé, à ma psy, elle m'a dit que quand je volais dans les magasins c'était un peu comme si je volais mon père... Comme mes rapports avec mon père n'étaient pas parfaits à l'époque, j'ai cru que c'était ça. Aussi chaque fois que j'avais envie de voler, j'essayais d'analyser ce qui se passait en moi comme elle me l'avait préconisé. Mais à chaque fois je lui racontais ce que j'avais pris. Un jour elle a finit par me dire : *"Vous savez que si vous continuez vous allez aller en prison"* et ça m'a vraiment déçu d'entendre ça. Je m'attendais à ce qu'elle me sorte une explication très alambiquée comme elle faisait d'habitude car je commençais à avoir de l'admiration pour cette femme. Et puis elle me sort cette ânerie. Je savais bien que je risquai d'aller en prison. J'ai compris qu'elle ne comprenait rien. Du coup, j'ai commencé à devenir un vrai délinquant, d'abord parce que j'étais un très bon voleur ensuite parce que je prenais de plus en plus de risques et de mieux en mieux, alors j'envisageai de piquer des objets de plus grande valeur que de simples vêtements. Je me suis renseigné pour voir ce que je risquais vraiment : la correctionnelle à l'époque, pas forcément la prison... et puis j'ai cherché par moi-même pourquoi je piquais et j'ai trouvé par hasard. Un copain qui avait pris de l'Anafranil lui aussi m'a dit : *"Tu sais c'est bien connu, ce médicament désinhibe, il te donne des ailes, c'est normal que tu te sentes comme ça. Toi qui a eu une éducation hyper stricte, ta libération passe par une certaine malhonnêteté."* Cette conversation m'a mis sur la voie et en lisant à droite à gauche, je me suis aperçu comme ça que je n'étais pas un dépressif ordinaire mais peut-être quelqu'un sur qui l'Anafranil avait un effet particulier. Du coup, j'ai consulté ailleurs j'ai changé d'antidépresseur et bien sûr je n'ai plus rien eu envie de voler quoique ce soit. En tout cas, au lieu de me faire la morale, la psy aurait pu y penser. Ce qui me contrarie le plus

c'est ma naïveté de l'époque, bien qu'ayant lu la notice du médicament, je croyais davantage en ce que la psy me disait ou ne me disait pas qu'en ce qui était écrit dans les bouquins de médecine et accessible à tous. »
(Etienne 40 ans aujourd'hui, Commercial)

VOYAGE DANS LE BROUILLARD

A 22 ans, Agar était professeur de danse flamenco, 12 ans d'analyse plus tard, la voici pensionnée Cotorep et sous neuroleptiques, antidépresseurs et anxiolytiques avec 28 kilos de plus. C'est une jeune femme brillante qui lit beaucoup et comme beaucoup de patients ou ex-patients « cherche à comprendre » en permanence. Sa trajectoire est une illustration exemplaire de ce livre, un vrai récit de voyage cauchemardesque dans les méandres et les dédales brumeux de la psychothérapie, de l'hôpital de jour et des psychotropes, avec un long intermède analytique, dont on ne peut s'empêcher de penser qu'il a été désastreux pour cette jeune femme. Ce qui caractérise l'itinéraire d'Agar, c'est l'absence totale de repères fournis par les thérapeutes successifs qu'elle consulte. Comme elle le remarque très justement elle-même : « les psys ne vous disent jamais rien, ils n'expliquent pas ce que vous avez, vous devez vous débrouiller tout seul, lire. Il faut les questionner plusieurs fois pour obtenir des réponses. Ils ne disent jamais non plus clairement, ni le temps que ça va prendre, ni les limites de leur savoir car il est évident qu'ils ne peuvent pas tout guérir, ni non plus leur parcours car il coule de source qu'ils sont de toute façon très compétents. Ma psy est impuissante devant mon agoraphobie et mes crises de panique. Quand je lui demande comment cela est venu, comme ça au bout de dix ans d'analyse, elle consent depuis peu à admettre qu'elle n'en sait rien et, sans le dire clairement non plus, me suggère qu'il faut faire avec. Je suis dans le flou permanent. »

Agar baigne depuis sa prime adolescence dans le milieu psy. Sa mère enseigne la psychanalyse mais elle n'a aucun diplôme particulier, elle est juste analyste et croit dur comme fer que la psychanalyse est la seule voie possible. C'est cette femme si peu mère qui, la première, emmène de force Agar, alors âgée de 13 ans, chez le psy.

« Je gênais ma mère, elle ne m'aimait pas et aurait voulu que je sois une autre enfant. C'est la psychologue chez qui elle m'a emmenée qui en a convenu... au bout de trois ans. Celle-ci m'a même dit *« si vous retournez consulter un jour, ne dites rien à votre mère car celle-ci n'a cessé de me téléphoner durant ces trois ans pour demander des détails sur votre thérapie. »*

« De 17 ans à 22 ans, je n'ai vu personne », poursuit Agar, « à 22 ans je n'allais pas bien, je me sentais dépressive, j'avais eu un chagrin d'amour, je suis allée consulter. Avant de trouver mon actuelle analyste, j'ai vu pas mal de psys qui ne m'ont pas inspiré confiance. »

Agar établit une liste des praticiens, tous psychiatres, qu'elle a rencontrés avant de se fixer à son actuelle analyste. Ce parcours du combattant est le même pour tout ceux qui recherchent un psy fiable.

« Le premier que j'ai rencontré parlais beaucoup et vite, écoutait peu et tirait des conclusions très rapides, la seconde fumait en séance, le troisième, connu dans ma ville à la fois comme psychanalyste et comme peintre, ne parlait absolument pas du tout. »

Mais même avec son actuelle analyste, la relation n'est pas simple, concernant le paiement notamment, Agar explique : « Je suis remboursée, aussi le paiement n'est pas un problème. Ma psy ne m'a jamais expliqué qu'il fallait payer les séances manquées, c'est moi qui applique la règle toute seule, parce que je l'ai lu. Une ou deux fois, à cause de ma phobie des moyens de transport, j'ai loupé ma séance. A chaque fois, alors que je l'appelais pour prendre un nouveau rendez-vous, elle a cru que je ne voulais pas payer et elle s'est mise à hurler au téléphone. »

Au bout de dix ans de psychanalyse, Agar se dit qu'elle va mieux, elle souhaite s'en aller et puis brutalement de nouveaux symptômes apparaissent : « Un jour dans la rue j'ai eu une crise de dépersonnalisation, je ne savais plus qui j'étais. Une autre fois, je me suis prise pour un loup. J'avais toujours été aussi légèrement agoraphobe mais là je ne peux carrément plus sortir de chez moi. Je ne peux plus travailler, je n'ai plus d'horaires ni de vie sociale. Depuis, cela fait trois ans, ma psy a fait pour moi une demande de Cotorep et j'ai été obligée de prendre des neuroleptiques. »

Durant cette période, Agar fréquente durant un an l'hôpital de jour. « La seule chose que m'ait apporté cette consultation, c'est le contact avec les autres patients, cela m'a fait revivre, à l'époque j'ai même réussi à m'acheter un vélo, à venir à la consultation avec. Par contre les soignants étaient épouvantables, les médecins et les infirmières passaient leur temps dans la cuisine à prendre le café et il ne fallait surtout pas les déranger. Nous avions des ateliers de poterie, de vannerie, de peinture, nous étions censés tourner dans tous les ateliers mais mon psychiatre référent m'engueulait parce que je ne faisais que de la peinture au motif que l'atelier peinture n'était pas censé nous soigner car aucune infirmière ne l'encadrait. »

Quand Agar cherche à se tourner vers un thérapeute comportemental, les deux ou trois qu'elle contacte la refusent à cause de ses deux accès de dépersonnalisation, « et aussi, précise-t-elle, parce que j'étais en analyse et qu'ils jugent que c'est incompatible, pourtant, depuis ces crises, je ne suis plus sur le divan, je vois ma psy en face à face. »

De guerre lasse, Agar demeure chez sa psychanalyste : « Elle est aujourd'hui mon seul repère, c'est d'ailleurs ce qu'elle m'a dit quand j'ai essayé de lui dire que je voulais m'en aller, elle m'a fait valoir que comme je ne travaillais plus et ne voyais plus personne il fallait mieux que je garde cet ancrage là. » Agar dit : « C'est ma bouteille à la mer, je n'ai plus beaucoup d'espoir de m'en sortir. »

En guise de mot de la fin, Agar conclut de façon terrible, n'arrivant pas vraiment à trancher si son analyse est un succès ou non : « Je suis persuadée qu'une analyse, qui "marche" peut amener à ne plus vouloir vivre. »

(Agar, 34 ans, ancienne professeur de danse flamenco, aujourd'hui pensionnée Cotorep)

DRACULA CHEF DE CLINIQUE

De la même manière qu'Etienne s'est vu menacé de prison, Clara, à 16 ans, alors qu'elle traversait un épisode dépressif et pleurait beaucoup, a été sommé de sécher ses yeux sous peine d'internement.

« Ça a fait très plaisir à ma mère qui m'accompagnait parce que c'est vrai que sitôt qu'il a prononcé le mot de "clinique" j'ai arrêté de pleurer net. J'ai senti une sorte de connivence entre elle et ce toubib. Avec ça il la dédouanait de tous ses "devoirs", comme elle se plaît à dire me concernant, car cela induisait que je n'étais qu'une simulatrice. Ça m'a mise hors de moi et en même temps ça m'a désespérée. J'ai tout d'un coup eu l'impression d'être dans un de ces films d'horreur ou le héros traqué par des extra terrestres s'aperçoit au dernier moment que même sa femme, sa fille et son chien sont des extra terrestres... En plus ce type était affreux, il ressemblait au comte Dracula, très blanc de peau avec des gencives rouges et un costume tout noir même en plein été. Lui et sa secrétaire formaient un bizarre tandem. Elle était outrageusement maquillée avec un décolleté suggestif. On les aurait cru sortis d'un film de Visconti. Par la suite, j'ai su que ce psychiatre renommé à l'hôpital de M... possédait aussi une clinique en ville et qu'il avait besoin de "l'amortir". Mais je ne suis même pas sûre qu'il ait eu l'envie réelle de m'interner, il voulait juste prouver à ma mère — moi il s'en foutait — qu'il savait "parler aux ados". » *(Clara 36 ans aujourd'hui, femme au foyer)*

Vous leur parlez mais ils s'en fichent

Ils constituent le gros bataillon des psys ordinaires, les fonctionnaires du divan qui attendent que votre demie heure passe pour pouvoir passer au patient suivant et ainsi de suite. En pleurs, à l'agonie devant leur masque impassible, vous vous demandez à quelles sortes de monstres vous avez à faire. Ceux là n'ont probablement pas choisi de devenir ce qu'ils sont. Ou bien sont-ils désabusés par quelques années de pratique. Ou bien ont-ils toujours été ces glaçons affectifs et « rentabilisent » leur tempérament en exerçant un métier pour lequel on se doit d'être « blindé ». Peut-être aussi, toujours dans cette dernière hypothèse, se nourrissent-ils, tels des parasites de votre psyché, des sucs précieux d'une souffrance qu'ils ne peuvent connaître... Nous les classons dans la catégories des cœurs de pierre ou des « je m'enfoutistes ».

TROIS ANS DE SILENCE

Anna consulte depuis trois ans chez un analyste réputé. Il ne dit rien. Rien de rien. Anna a une conduite addictive et un tempérament qui la porte aux excès. Elle raconte cela en séance. Le psy ne dit rien. Elle souffre, elle le dit. Depuis quelques temps elle est avec un homme qui la bat et l'humilie et elle en « redemande » quoiqu'elle en souffre. Le psy ne dit toujours rien, pas un traître mot. Anna débourse trois séances par semaine à 50 euros la séance, toutes silencieuses. Un jour à bout de forces, elle lui annonce qu'elle « arrête les frais », que de toute façon elle n'en voit pas le bout et que ce monologue ne l'aide absolument pas à s'en sortir. Et là ô surprise, alors que durant trois ans Anna n'avait pas entendu le son de sa voix, l'officiant s'exprime avec des trémolos en lui disant : « Vous comprenez, vous ne pouvez cesser votre analyse maintenant, vous n'êtes même pas encore entrée dans le véritable processus psychanalytique ! ».

« Quand j'ai raconté ça à mes copines, s'exclame Anna, elles ne me croyaient pas, moi non plus d'ailleurs, je n'en suis toujours pas revenue. En voilà un qui aurait pu me laisser moisir dix ans chez lui sans m'indiquer précisément où j'en étais, vous imaginez, un guide qui vous laisser errer dans le brouillard. » On mettra bien entendu la providentielle intervention sur le compte des 150 euros hebdomadaires que notre muet était en passe de perdre... et qu'il perdit.
(Anna 40 ans, audit financier)

MONTRE EN MAIN

C'est le plus grand classique qui soit. Les psys qui regardent leur montre sont légion, c'est même le défaut le plus facile à repérer et qui devrait servir de test préalable à tout patient soucieux de bien choisir son thérapeute. Gilles est en poste en province depuis peu, sa femme est restée à Paris, leur couple bat de l'aile. De plus son nouveau boulot se passe mal et il a l'impression d'avoir sacrifié son couple pour pas grand-chose. Plus que d'un psy, il ressent le besoin d'une écoute, d'un soutien pour faire face à cette tranche de vie peu agréable. La ville où il habite est petite, il n'y a guère le choix en matière de psychiatre et il souhaite être remboursé. La femme qui le reçoit à l'air très sérieuse, mais voilà, dès la première séance, tandis qu'elle fait mine de l'écouter, il la surprend à regarder sa montre, l'air de rien. « Il n'y a rien de pire que ça vous êtes en train de mettre vos tripes sur la table et la personne en face de vous regarde l'heure, commente Gilles, vous avez l'impression d'être ennuyeux et ça vous coupe la chique, c'est radical ! ». Quand courroucé il lui en fait le reproche, la respectable notable prend un air pincé pour lui rétorquer vertement : « *Vous projetez sur moi l'inattention dont vous avez probablement été victime autrefois, cherchez dans ce sens.* » Les psys se sortent de tout, même des flagrants délits.
(Gilles, 36 ans, Informaticien)

DÉBORDÉS

Ça se passe à Paris, la capitale de la France, là où siègent toutes écoles et tout courants psys. Aline cherche un psy mais n'en trouve pas. Il faut savoir qu'à Paris, les psychiatres remboursés ont des listes d'attente comme les crèches, les écoles ou les conservatoires. Aline est au chômage, elle a particulièrement besoin de cette aide. Elle s'est adressée au centre de secteur mais elle est tombée elle aussi, sur « un muet » ce dont elle n'a absolument pas besoin en ce moment. De plus faire la queue dans la salle d'attente du centre de secteur, parmi les toxicomanes, est particulièrement déprimant. Elle fait alors le tour des cabinets et quelle n'est pas sa surprise de constater que personne n'accepte de la recevoir plus d'une séance pour cause d'agenda saturé ! La réponse est toujours la même : *« Je n'ai pas de place pour vous, rappelez moi de temps en temps, au cas où un créneau se libère »*. « Je me demande même pourquoi, à ce compte là, ils acceptaient de me recevoir », se rappelle Aline, « J'avais l'impression qu'il me recevait pour mieux juger de l'intérêt de mon cas afin de « m'accepter ou non, à la fin, j'avais l'impression de passer un examen ou pire, un entretien d'embauche. »

Aucun des psys qui firent à Aline cette réponse ne prit la peine de lui indiquer un confrère susceptibles de la « dépanner », aucun non plus ne lui prodigua de conseils pour tenter de mieux vivre sa situation en attendant qu'une des précieuses « places » se libère... Aline finit par trouver un psychologue non remboursé mais compréhensif qui accepta de lui faire payer « quelque chose » à hauteur de ce qu'elle gagnait. *(Aline, 35 ans, assistante commerciale)*

LE GOUJAT

« Dès le moment où je me suis retrouvée dans la salle d'attente j'ai senti que quelque chose n'allait pas, raconte Maryse, 34 ans, on entendait tout ce qui se passait dans le cabinet à travers la cloison. Je ne trouve pas ça normal qu'un cabinet ne soit pas insonorisé et il y avait une jeune femme qui y pleurait à fendre l'âme. C'était terrible de pleurer comme ça, on y sentait un désespoir profond. Je me suis raisonnée en me disant que chez le dentiste on entend la fraise et chez le psy des larmes, c'est comme ça mais je n'étais pas très à l'aise, j'avais l'impression que ce psy était la cause directe de ce chagrin. Qu'il faisait du mal à cette femme. Après ça a été mon tour. Quand je l'ai vu je n'ai pu m'empêcher de penser qu'il venait de rompre avec sa patiente, il avait le look "beau gosse", "tombeur des hôpitaux" si vous voyez ce que je veux dire, surtout que je savais que ce psy était très réputé, chef de clinique et tout. Mais ce n'était que suppositions et j'ai l'imagination très fertile aussi, comme c'était ma première séance, je me suis empressée de chasser cette pensée. Une fois assise, je constatai que la fenêtre était restée ouverte sur un grand boulevard de Paris, très bruyant. Il avait mis du jazz, trop fort. Au bout d'un moment, je ne m'entendais plus parler et je le lui dis. Il répondit avec un sourire suffisant : *"J'ai eu une nuit très difficile alors on va faire comme ça..."*. J'étais atterrée. En disant ces mots, il a croisé les jambes sur son bureau, a allumé un cigare énorme et s'est mis à fumer sans même me demander si la fumée me dérangeait. J'ai continué de parler je ne sais pas pourquoi, probablement parce que j'avais mis trois mois à obtenir ce rendez-vous. Au moment de payer, il me réclama 200 francs en liquide et me dit qu'il préférait ne pas me faire de feuille de maladie... ça a été la première et la dernière séance. Plus tard, quand j'en parlai à un autre psy il me dit, pour excuser cette conduite "que c'était une technique pour savoir si le patient était vraiment motivé", je devais pas être très motivée... » (*Maryse, 34 ans, infirmière.*)

GARDEZ VOS DISTANCES

« Quand j'y repense aujourd'hui, c'est comme un rêve, cette psy à qui il était impossible de donner un âge parce qu'on ne la voyait jamais à distance suffisante avec suffisamment de lumière. Elle recevait dans un cabinet immense et sombre qui ressemblait à une grotte. On accédait à son cabinet par un très long couloir coudé, un décor de train fantôme. Elle se tenait tout au fond du cabinet et le patient s'asseyait ou s'allongeait, loin d'elle, à au moins cinq mètres, peut-être plus. Elle ne parlait presque pas, la seule fois qu'elle m'a adressé la parole c'est pour me dire, alors que j'oubliais la feuille de maladie sur le bureau : « *Vous voyez bien que vous souhaitez payer au fond* ». (*Sophie, 28 ans, professeur de français.*)

LA CHASSE AU PATIENT

« J'étais en pleine dépression, il avait été mon professeur à l'école de commerce, il y enseignait l'analyse transactionnelle. Je n'aimais pas ce type de toutes façons, car j'avais entendu sur lui des choses pas claires. Par exemple des gens de l'école disaient qu'un jour il en était venu aux mains avec un autre prof et en plein amphi en plus. Pour un mec qui enseigne l'art de la négociation commerciale, on fait mieux. Et puis il draguait ses étudiantes. Je trouvais ça nul. Il faisait vieux beau, il s'était fait implanter des cheveux sur le dessus du crâne. Il a du savoir par un copain de la promo que je n'allais pas bien et un jour, il a carrément appelé chez mes parents. L'année scolaire était finie depuis longtemps et je ne comprenais pas qu'il m'appelle, qu'il ait l'air si aimable et se souvienne de moi alors que nos rapports n'avaient jamais été particulièrement cordiaux. Il s'est mis à me poser tout un tas de questions, tournant autour du pot pour savoir si j'aillais bien mais *vraiment* bien. Instinctivement, je lui ai dit que oui, tout allait bien car je n'avais pas envie de lui parler de mes problèmes. Ce n'est qu'après que j'ai compris que ce type voulait me vendre sa soupe, ce qui m'a été confirmé par un copain de promo : il faisait des thérapies au black en dehors des heures de cours et recrutait ses patients parmi ses étudiants... »
(*Yvan, 35 ans, courtier en assurances*)

QUI VEUT LA FIN A LES MOYENS

« Depuis que je travaille, c'est pour payer mes psys. » C'est ainsi que Sophie M résume les 14 années d'analyse, faites en plusieurs fois, avec trois thérapeutes principaux différents dont le seul bon, pas de chance, fut le troisième. « Quand je fais le compte de tout ce que j'ai dépensé en analyse pour des résultats nuls voire une aggravation, je me rend compte que j'y ai mis le prix d'une petite maison de campagne, 45 000 euros. »

Le premier que j'ai vu a été très percutant, c'était une sommité, il écrivait dans le nouvel observateur. En trois séances, il m'a mis les tripes à l'air puis après m'a dit *« de toute façon vous n'avez pas les moyens de vous payer une analyse »*.

« Après, poursuit Sophie M, comme je ne pouvais pas financièrement rester chez cet homme, je suis restée sept ans chez un freudien qui n'ouvrait pas la bouche. Il faisait « mm », « mmm ». Comme sept ans plus tard il ne s'était absolument rien passé, je suis partie. Si j'ai attendu sept ans pour partir c'est que j'étais devenue dépendante, en plus, chaque fois que je disais que j'allais partir, il faisait semblant de n'avoir pas entendu, il ne répondait rien. Après je suis allée chez G..., j'ai négocié 250 francs la séance à raison de trois fois par semaine, il me faisait une fleur, car lui et ses collègues faisait normalement payer 500 francs la séance. C'étaient des psys qui habitaient tous le quartier latin, qui publiaient chez les mêmes éditeurs et faisaient la java ensemble. A l'époque, je gagnais 10 000 francs. Au bout d'un moment, comme je ne pouvais plus payer, il m'a refilée à une analyste pour enfants, un peu nulle, une fois elle arrivée en retard d'un quart d'heure car elle était allée chercher le pain. Je suis restée deux ans chez celle-ci néanmoins. Suite à cela, je me suis tournée vers P... qui m'a adressée à deux collègues, j'ai choisi la seconde, une freudo-lacanienne très rigide et castratrice chez qui je suis restée sept autres années. Elle demandait à être payée d'avance et en liquide, comme tous les autres d'ailleurs. A l'époque, je sortais avec un homme très brutal qui exigeait de moi des choses sur le plan sexuel que je ne voulais pas lui donner, c'était une perversion. Elle, disait que c'était normal, que c'était comme ça que les hommes faisaient l'amour, elle était sadique. Quand je lui ai parlé des maltraitances dont j'avais été victime enfant, elle a été jusqu'à me dire que j'avais été cherché les coups ! Moi je m'en plaignais mais mes copains qui étaient tous chez des lacaniens, aimaient bien que leur psys leur filent des coups de matraque, comme ça ils avaient l'impression que « ça déménageait ». A cette période, j'ai aussi suivi un stage de rebirth à 3 000 francs le week-end. A la fin je l'ai quittée aussi, en lui envoyant un courrier, en réponse, elle m'a alors écrit : « *Vous me restez redevable de 3 500 francs* ».

Je suis arrivée chez ce dernier psy que j'ai trouvé très bien mais malheureusement, alors que j'étais chez lui, il m'est arrivé des crises de dépersonnalisation, que j'ai toujours. Je l'ai quitté avec regret, mais c'est quelqu'un de remarquable. Lui seul m'a dit, avant, pendant et après mon passage chez lui : « *la psychanalyse n'est pas une science exacte, je ne peux rien vous promettre* ». (*Sophie M., 48 ans, enseignante*)

Vous vous confiez à eux ils vous manipulent

Dans la catégorie supérieure en matière de malfaisance, on trouve les manipulateurs et abuseurs. Là encore la manipulation étant un des outils de travail du psy, la tentation est forte pour certains de l'utiliser autrement que pour des buts thérapeutiques. Les histoires que nous racontons là ont généré de grandes tromperies et de grandes souffrances. Ces psys là ont tous en commun d'avoir le souci de rendre leurs patients dépendants. Leurs cabinets sont de vrais pièges qui se referment avec d'autant plus de force sur leur victime que la détresse de celle-ci était grande à son arrivée en thérapie. Les manipulateurs ne sont pas discernables au premier coup d'œil comme les incompétents ou les négligents. Au contraire, ils sont d'autant plus dangereux qu'ils sont souvent très intelligents et piquent « là où ça fait mal. »

Business man. Denis et sa femme ont voulu consulter alors qu'ils venaient de perdre un enfant avant terme. Ils se sont retrouvés dans une drôle de galère. Denis, observateur parce que photographe de profession, raconte deux années passées chez un gourou de province : « Non seulement ces deux années ne m'ont pas permis de sauver notre mariage mais j'ai pu voir ce qu'il y a de pire en matière de nature humaine. Je n'avais à l'époque franchement pas besoin de ça. Le seul point positif que cet homme m'ait apporté, c'est de me débrouiller en affaires, maintenant que j'ai mon magasin, je sais très bien comment me faire payer et trouver les bons clients et ça, il ne me l'a jamais dit mais rien qu'à le voir faire j'en ai appris des tonnes. »

« On a commencé à le voir en couple, poursuit Denis, et puis il nous a proposé de rejoindre un groupe de parole qu'il organisait le week-end dans sa maison de campagne. Tout de suite, au bout de quelques week-ends, j'ai vu un tas de trucs qui n'allaient pas. D'abord il faisait des différences entre les patients, on sentait clairement qu'il avait ses "chouchous" et les autres, surtout un. Au fil du temps, en discutant avec d'autres membres du groupe je me suis rendu compte que les "chouchous" étaient toujours ceux qui avaient le plus de fric soit par leur métier soit par leur famille. Son favori était un gars phobique, très inhibé mais dont la mère possédait une fortune... J'ai su aussi qu'il était reçu dans la famille de ce gars, et que la mère l'aimait beaucoup. Déjà quand j'ai vu ça, comme j'ai horreur de l'injustice, j'ai voulu m'en aller mais ma femme, Céline, a insisté pour qu'on reste car elle n'allait vraiment pas bien et elle croyait que ce psy allait sauver notre couple. En plus, elle a été lui dire que je voulais partir alors, publiquement, il m'accuse devant les autres de vouloir saboter la thérapie par pure jalousie infantile envers ceux que je croyais plus favorisés par lui. J'avoue n'avoir pas du tout réagi à cette attaque frontale d'autant que j'aurais pu lui rétorquer que s'il allait déjeuner régulièrement chez certains de ses autres patients et pas d'autres, ça prouvait bien certaines affinités mais je n'ai rien dit.

Au fil des mois on s'est liés d'amitié avec un autre couple. Lui était un des étudiants du labo où travaillait notre psy (qui était ingénieur d'étude à l'université), il était complètement sous sa domination. Sans arrêt le psy lui faisait des massages des épaules, il appuyait très fort comme pour lui faire mal et se moquait de lui. Plus tard, la femme de ce jeune type est partie, elle l'a quitté ainsi que le groupe et lui, a fait une grave dépression. Le psy s'en est "débarrassé" promptement probablement pour ne pas avoir d'ennuis. Il l'a envoyé se faire soigner ailleurs. On n'a plus eu de nouvelles de lui.

On a connu aussi, lors d'une fête organisée chez lui, sa compagne d'alors, Julie, elle aussi il la traitait comme de la merde. Il la trompait avec une autre étudiante. Julie avait un gosse d'un premier mariage et il était vraiment dur avec l'enfant (voir le témoignage détaillé sur ce point au chapitre traitant de la vie privée des psys). Un jour l'autre étudiante, sa maîtresse, est venue au groupe de parole et à l'occasion de ce qu'il a baptisé une séance de psychodrame, il l'a obligée à se traîner à mes pieds en lui faisant mimer la mante religieuse. Je croyais être dans un mauvais film, il lui disait : *"Tu es une mante religieuse, tu rampes aux pieds de ta proie pour mieux la manger."* Je me demandai si la fille était de connivence ou bien si elle était complètement conne. Quand il s'est agit qu'elle se mette sur moi et mime l'acte sexuel, j'ai dit "stop" et le psy m'a alors accusé une nouvelle fois de saboter la thérapie. Il m'a alors exclu du groupe.

J'ai honte de le dire mais j'étais tellement faible et sous influence alors, que j'ai chialé comme un gamin. Heureusement cette exclusion m'a été bénéfique, elle m'a permis d'échapper à ce dingue. Ma femme est restée chez lui encore une année de plus, nous avons divorcé encore plus sûrement que si nous n'étions pas allés consulter. Sur ses conseils, ma femme, a quitté son poste d'institutrice et végète dans des petits boulots merdiques de décoration de meubles. Il prétend qu'il faut suivre ses désirs de création et selon lui Céline est une artiste. Moi je veux bien sauf qu'avant d'arriver chez lui, elle était mariée et elle avait un bon boulot. Aujourd'hui elle est seule, elle drague sur Internet et elle gagne à peine le SMIC les bons mois, et bien entendu, un bon tiers de ses revenus passent dans les séances avec l'autre fou. »

Dix ans ont passé pour Denis et il a eu des nouvelles par le garçon dépressif qui avait quitté le groupe. Ce dernier n'a pas eu la carrière universitaire qu'il méritait mais a tout de même réussi à passer un concours pour être enseignant dans le secondaire. Le psy lui, a reçu un legs de la mère du jeune homme riche et phobique (le « favori »), il a donné sa démission à l'université et est « thérapeute à part entière ». Il possède un cabinet en ville et toujours sa maison de campagne. Il pratique toujours les thérapies de groupe « sauvages ». Denis s'est remarié, il ne veut plus entendre parler des psys. (*Denis, 38 ans, photographe*)

Jeux de mains, jeux de vilains. Les psys qui s'autorisent à toucher leurs patients, surtout les femmes, prennent plus de risques que les autres. Dans leur cadre rigide, les analystes ne risquent — en principe — de violer personne. Par contre, il convient de se méfier de tous ceux mettant le corps en jeu dans la thérapie. L'histoire de Géraldine est amusante et pas très lourde de conséquences mais cela aurait pu bien plus mal tourner puisque, Géraldine, enceinte, mais sans mari, s'en va consulter un aimable psychologue pour y voir plus clair.

« Je le voyais depuis plusieurs séances et il semblait très bien.

Très vite, il avait orienté les séances sur ma vie privée, ce qui ne m'étonnait pas puisque j'étais venue pour en parler. Le père de ma fille ne voulait pas de cette enfant, moi je souhaitais la garder, j'avais fais mon choix mais je me sentais un peu seule et j'avais besoin de conseils. Au bout de quelques séances, je lui fis part de mes problèmes de sommeil, il me proposa alors des séances de relaxation. Elles se déroulaient comme suit : je m'allongeai sur la moquette — il n'avait pas de divan — au lieu de rester assise dans le fauteuil tandis que lui, mettait de la musique douce, baissait l'intensité de l'halogène puis retournait s'asseoir dans son fauteuil en côté de moi pour mener la séance avec des phrases du style *"Détendez vous, imaginez que vous êtes sur une plage, etc."*. Au bout de quelques autres séances il me proposa de s'allonger lui aussi à côté. Je me rassurais intérieurement, même si je trouvai la requête bizarre, en me disant que lui aussi avait besoin de se détendre et profitait de ma séance. On continua comme ça deux ou trois séances puis à la quatrième, je sentis sa main se poser sur mon ventre. Comme j'ouvrai les yeux et exprimai mon étonnement, mon psy me mit un doigt sur la bouche et me dit que c'était bon pour l'enfant. Il était très doux et très attentif, si bien qu'on ne pouvait vraiment pas savoir s'il faisait ça dans le cadre de la séance de relaxation ou parce qu'il voulait me toucher et enclencher une relation. Comme je ne savais pas quoi pas penser, j'en ai parlé à mon généraliste qui a éclaté de rire en me demandant si je trouverais normal que voulant soigner mon oreille droite, il s'autorise à me toucher les fesses. Ça m'a rassurée, je ne m'étais pas fait des idées, cet attouchement était louche. Je ne suis pas retourné chez ce psy car, que m'aurait-il proposé ensuite ? Je précise qu'ayant eu tout le loisir de voir sa main sur mon ventre pendant une demie heure, j'ai vu qu'il portait une alliance... » (*Géraldine, 40 ans, assistante de publicité*)

LE GOUROU juché sur son trône

Jean-Luc a des problèmes d'éjaculation précoce. Il ne sait trop comment s'orienter, des amis d'amis lui conseillent une adresse, un psychologue, en banlieue parisienne, qui a traité l'un de leur collègue du même mal.

« Il faut dire que j'étais naturellement méfiant vis-à-vis de la profession, car j'avais déjà beaucoup consulté pour ce problème et j'avais rencontré toutes sortes de charlatans. Vous n'imaginez pas ce qu'un homme avec des difficultés sexuelles peut endurer de la part des psys quand il entreprend de consulter. J'avais vu pas mal de généralistes qui avaient des réponses très standard et stupides du genre : *"Il faut penser à ses impôts pour retarder l'éjaculation"*. Côté psy j'étais tombé essentiellement sur des analystes et je refusais de passer dix ans sur un divan alors que j'en avais 32. Juste pour moi le temps de voir passer ma vie sentimentale, car le problème de ce genre de trouble, n'est pas tant l'insatisfaction sexuelle qui en résulte que de voir toutes les femmes que l'on aime vous quitter tôt ou tard car ça ne marche pas au lit. J'avais aussi eu à faire à des vicelards qui m'auraient bien fait éjaculer pour leur propre compte. Mais à la limite, il vaut mieux avoir à en découdre avec ce genre de type parce qu'on les voit venir de loin et il n'y a généralement pas de deuxième séance. »

Echaudé par plusieurs tentatives de recherche de psy, Jean-Luc décide d'écrire à celui qui lui est indiqué.

« Je me disais que par l'entremise d'un courrier, j'allais mieux pouvoir me protéger, sélectionner par avance le thérapeute, un peu comme lors d'un entretien de recrutement. Ça peut paraître prétentieux de ma part de vouloir recruter mon propre psy, mais très franchement, je conseillerais à tout le monde d'en faire autant car après tout on paye assez cher... Et mentalement, on risque gros. Ma petite amie s'est fait refaire les seins récemment, elle n'a pas fait de sentiments, elle est allée sur le site du conseil de l'ordre, a sélectionné une demi douzaine de chirurgiens plasticiens, les a vu tous les six et a choisi, parmi les moins chers, celui avec lequel elle se sentait le mieux. Et je peux vous dire que côté tarifs, il y avait des différentiels de 50 % ! J'ai donc écrit à ce psy un courrier très concis dans lequel je lui disais que je ne souhaitais pas d'analyse, que je ne "passerai pas" au dessus d'un certain seuil de prix et que je souhaitais un traitement délimité dans le temps. J'ai reçu une réponse au bout de trois semaines, une simple feuille blanche griffonnée d'une écriture nerveuse qui m'engueulait du début à la fin, s'indignant qu'on puisse considérer un psychothérapeute comme un épicier etc. Néanmoins la "porte restait ouverte" comme il disait. Je ne sais pas pourquoi j'ai quand même voulu voir l'oiseau. Il était pourtant clair que celui-ci campait sur ses positions et ne me proposerait que ce qu'il entendait être "bon pour moi", qu'il ne prenait pas la peine de m'expliquer la façon dont il travaillait et que sa lettre n'était qu'une leçon de morale. J'y suis allé quand même, "pour voir", et je n'ai pas été déçu.

Il habitait une résidence très luxueuse. Son appartement, au dernier étage d'une haute tour, était immense, très lumineux et bien meublé. J'ai patienté dans une salle d'attente ornée de lithographies de prix. Il s'y trouvait un type de mon âge, très bien fringué, je me suis dit "ça sent le blé de partout là dedans". J'ai entrevu mon zozo quand il est venu chercher le jeune patient. Il était âgé, barbu, un genre de patriarche. Le jeune type est entré dans le bureau et j'ai du patienter pendant toute sa séance. Après, je l'ai entendu partir dans le couloir, je l'ai très distinctement entendu dire au psy "au revoir Bidule" en l'appelant par son prénom et en le tutoyant avec une voix de petit garçon soumis. Là j'ai senti le gourou. Je ne trouve pas normal qu'on tutoie son médecin sauf si on le connaît à l'extérieur et dans ce cas, celui-ci n'est-il pas tenu d'éviter de soigner ses proches et amis ? » Le psy lui a répondu : *"Oui tu viens dimanche au groupe"*. J'ai compris qu'il organisait des thérapies de groupe le week-end. Et quand je suis entré dans son bureau j'ai tout compris. Alors que je lui avais écrit que je ne souhaitais pas m'allonger, il m'a fait allonger d'autorité sur des peaux de bêtes jetées sur un matelas à même le sol. Il n'y avait pas d'autres sièges alentours hormis le sien. Son siège racontait tout ce qu'il était : une chaise à dos raide, très haute, en bois ouvragé, comme un trône, avec des peaux de bêtes dessus. Si bien que lorsque le patient était allongé et lui assis, le psy dominait entièrement la situation. Il a été odieux, m'a dit que je ne comprenais rien à la psychanalyse, que j'avais besoin de spiritualité, que j'étais obsédé par l'argent ! Incroyable mais vrai. J'ai tout écouté sans piper mot, je m'étais assis a demi, en appui sur un coude, histoire de dire que je ne m'allongeais pas. Quand il a sentit que ses manœuvres d'intimidation ne prenaient pas, il a tenté la carte de la compréhension, en disant que j'étais dur mais que c'était visiblement une façade et qu'au fond je devais être quelqu'un de très affectif. Je ne parlais pas. Je lui ai juste dit que je ne voulais pas d'analyse et que j'avais été déçu par sa lettre. Il a alors mis fin à la séance en utilisant une ultime carte, la menace, me laissant entendre que si je ne me soignais pas de la façon qu'il préconisait — analyse et séances de groupe — j'allais au devant de graves ennuis. » *(Jean-Luc, 36 ans, commercial)*

Ne vous confiez jamais à eux

Ceux qui ont eu à faire aux psys cités dans cette partie, auraient pu très mal finir. La catégorie que nous appellerons « les dangers publics » n'est hélas pas composée que de charlatans ; quatre des six cas cités ci-dessous sont même des médecins psychiatres, inscrits au conseil de l'ordre. Les « dangers publics » sont des malades et des pervers en exercice tout à fait légal de médecine. Hélas. Personne pour les contrôler encore moins pour les empêcher de nuire. La corporation médicale passerait-elle au dessus des dires des patients ?

LE PÉDOPHILE

Francine est allée consulter pour son fils de 13 ans, pour des problèmes de drogue et de petite délinquance. « Mon fils n'avait pas voulu venir alors j'y suis allée toute seule. Je me rappellerai toujours, c'était dans un centre médico-psychiatrique près de chez moi. Je m'étais dit que ces médecins devaient être parfaitement compétents, j'étais désemparée. Je crois que j'y allais autant pour moi que pour mon fils qui de toute façon était devenu incontrôlable. C'est un homme assez âgé qui m'a reçu, il avait l'air d'un médecin ordinaire, de confiance, il avait les cheveux gris, une barbe, une blouse blanche. Je lui ai raconté mon histoire, celle de mon fils, je me rappelle que je pleurais beaucoup, il a été très gentil, il m'a tendu une boîte de mouchoirs. Jusque là tout allait bien, en tout cas, se passait normalement. Puis il s'est mis à me poser un tas de questions, d'abord sur moi, puis sur la façon dont j'avais élevé mon fils, au fur et à mesure, les questions se sont faites plus précises, il m'a demandé si mon fils était beau garçon, s'il aimait qu'on le touche, s'il avait subi des attouchements dans son enfance et tout un tas de questions de ce style. Je pense qu'il n'est pas anormal d'aborder ce sujet concernant un adolescent qui a des problèmes mais ce qui m'a choqué c'est la façon dont il posait ces questions. Il avait l'air d'être alléché par mon fils, il me regardait par-dessus ses lunettes et son regard était dégueulasse. Ça m'a dégoûtée. Je me suis fait violence pour retourner le voir une seconde fois car j'avais vraiment besoin d'aide et puis je me suis dis que je me faisais peut-être des idées. Il a recommencé, au bout de quelques minutes d'entretien il m'a demandé pourquoi mon fils ne venait pas, il m'a dit qu'il était essentiel qu'il vienne, même sans moi. Après, les questions ont recommencé, à savoir, si mon fils se masturbait, s'il l'avait fait devant moi. Quand il m'a demandé si mon fils avait un gros sexe, je me suis levée et je lui ai dit qu'il m'écoeurait. Alors il a pris un air surpris puis affecté en disant que j'avais pour mon fils des désirs probablement incestueux que je projetais sur lui ou un truc de ce genre. Je suis partie avec le sentiment d'avoir été violée et trompée. Je n'ai jamais parlé de tout ça à personne et surtout pas à mon fils et je n'ose pas imaginer ce qui serait arrivé s'il avait été en contact avec cet individu.» *(Francine, 65 ans, ex-employée de banque)*

BAD LIEUTENANT

«C'était un psychiatre dont on m'avait dit qu'il était spécialisé dans les problèmes d'inceste et de viols d'enfants», explique Anne-Charlotte, mère d'une petite fille de quatre ans à l'époque, «Quand j'ai commencé à avoir des problèmes avec mon ex-compagnon, je soupçonnais qu'il voulait toucher à ma fille, je suis allée le voir. Je voulais savoir si ma gosse allait bien. Il habitait une petite maison un peu biscornue qui prenait l'eau de partout. Les premières fois j'ai trouvé ça charmant et pittoresque et puis au fil des séances, j'ai trouvé cette ambiance malsaine, tout était toujours en désordre et sale, les pièces étaient sombres, je me suis dit "c'est tout de même bizarre que cet homme reçoive dans un pareil taudis". Dans la salle d'attente, même les jouets pour les enfants étaient sinistres, c'était la mode des poupées Barbie petites sirènes, avec un haut de poupée mannequin et une queue de poisson, l'une d'elle gisait au sol, la tête arrachée. Ma fille m'a demandé pourquoi on lui avait coupé la tête...

Il ne me faisait pas de feuilles de maladie et exigeait un paiement en liquide arguant le fait que la cure n'en serait que plus sérieuse et efficace. Je me suis demandée alors s'il n'avait pas de problèmes d'argent ce qui expliquerait le piteux état de la baraque.

Lors d'une séance sans ma fille — heureusement — il m'a carrément demandé si la petite "touchait la queue de mon compagnon" et si "elle semblait aimer ça". Ce sont ces mots. J'ai été profondément choquée par cela, d'autant qu'il avait l'air de prendre plaisir à prononcer le mot "queue".

La séance suivante, ayant réfléchi, je lui dit que j'avais décidé d'interrompre mes visites ainsi que celles de ma fille. Comme il me demandait pourquoi, à court d'arguments — je ne voulais pas entrer dans les détails de son environnement malsain et de la mauvaise impression qu'il me faisait — je lui dit que c'était parce qu'il ne voulait pas me faire de feuilles de maladie.

Alors il s'est mis à bafouiller, comme paniqué à l'idée de perdre un patient : *"Mais je vais vous les faire les feuilles de maladie, si ce n'est que ça, je vais vous les faire"*, il a sortit précipitamment une liasse de feuilles de sécu du tiroir de son bureau qui, dans son trouble, sont tombées en s'éparpillant sur la moquette sale. Je n'en croyais pas mes yeux.»

(*Anne-Charlotte, 37 ans, publicitaire*)

TABASSAGES

Thierry ex étudiant en médecine aujourd'hui installé comme généraliste, raconte un de ses stages dans un pavillon psychiatrique et l'étrange patron qu'il eut alors.

«Il tabassait les patients. Je me rappelle d'un gamin retardé mental et assez violent traité en ambulatoire. Il faut dire qu'il avait toutes les raisons d'être violent puisqu'il se prenait une raclée à chaque fois qu'il venait dans le service du professeur M... Un jour le gosse, alors que je voulais l'examiner, m'a donné un coup de poing dans les parties génitales. J'étais plié en deux. Le patron m'a vu. Il m'a dit *"c'est lui qui t'a fait ça?"* Puis sans attendre la réponse il s'est jeté sur lui et l'a roué de coups. Tandis qu'il le frappait, je voyais bien que le gamin et lui jouaient un drôle de jeu, ils avaient des postures comme habituelles. Lui, le professeur, avait l'écume aux lèvres. Je pense qu'il jouissait de ça. Ces scènes étaient fréquentes dans ce service, ça n'avait pas lieu qu'avec ce gosse mais avec d'autres patients. Le patron détestait les toxicos, ceux-ci s'en prenaient toujours plein la tête. Pour lutter contre les crises de manque, il avait une technique bien particulière qui consistait à les envoyer valdinguer contre le mur et à les bourrer de coups de poings "pour les calmer". Caractériel, on ne le voyait pas venir, il déboulait dans un chambre sans crier gare, frappait hurlait puis repartait. Un jour il y avait une petite jeune fille qui s'était ouvert les veines, on l'avait recousue elle se remettait à peine, il est venu vers elle et l'a giflée de toutes ses forces en lui disant : "*La prochaine fois tu réfléchiras à deux fois avant de faire ce genre de connerie.*" Il n'avait jamais osé frapper le personnel mais les patients, qui ne pouvaient rien faire, qu'est-ce qu'ils prenaient ! Ce que je me demande, c'est pourquoi personne ne l'a jamais dénoncé, pourquoi personne n'a porté plainte. Les infirmiers le détestaient, tout le monde avait peur de lui. Un de mes collègues auquel je parlais de ça m'avait dit alors : "*Tu sais, il sait très bien ce qu'il fait, il est malin, quand il frappe un patient il ne le fait jamais devant témoins ou alors les témoins sont des étudiants ou des infirmiers qui n'oseraient de toute façon rien dire de peur de compromettre leur cursus universitaire ou leur poste.*" C'est exactement pourquoi je n'ai jamais rien dit non plus. »

(Thierry, 43 ans, médecin généraliste)

L'ALLUMEUR ALLUMÉ :
HISTOIRE D'UNE DÉPENDANCE

« On lui aurait donné le bon dieu sans confession avec sa raie sur le côté, sa chemise bleu ciel, ses vêtements sobres, ses petites chaussures à lacets », raconte Sonia en se remémorant son premier contact avec le psychologue rogérien chez qui elle a passé cinq ans dans un état de totale dépendance et en est ressortie plus abîmée que lorsqu'elle y est entrée. Sonia arrive chez ce thérapeute en 1987, il est hébergé par une collègue mais n'a apposé aucune plaque à son nom sur le mur de l'immeuble ; officiellement il enseigne la psychologie clinique dans une faculté de province, mais il se fait payer 200 francs en liquide pour une heure de séance et durant les cinq années où Sonia est en thérapie chez lui, il perçoit d'elle et de quelques autres patients, cette même somme... en liquide et en sus de ses émoluments universitaires.

« C'était le parfait catholique, deux enfants, une épouse institutrice, la chorale le samedi, le bateau le dimanche, tout ce qu'il y de plus comme il faut, moi aussi je suis catholique, alors je me sentais en confiance. Je ne l'ai pas vu venir. J'avais 25 ans quand je suis venue chez lui pour me faire soigner pour des crises d'angoisse. Il pratiquait l'hypnose et était maître de conférences à la fac, ça aussi ça rassurait. C'est une amie qui me l'a indiqué. Elle aussi, tout en étant son étudiante, était soignée par lui. La première fois que je suis arrivée au cabinet, il avait hypnotisé quatre ou cinq de ses étudiants qui dormaient dans la salle d'attente, on aurait dit qu'il avait préparé tout ça à mon intention pour m'épater. Bien sûr, il a essayé de m'hypnotiser mais ça n'a pas marché, j'ai bien vu qu'il était un peu vexé et j'ai réfléchi par la suite, que c'était sans doute pour ça qu'il avait tout mis en œuvre pour que je sois dépendante de lui coûte que coûte. Avec le recul je pense que c'était un Don juan refoulé, qui n'osait pas vraiment tromper sa femme et qui se faisait plaisir en séduisant les patientes qui lui plaisaient sans jamais passer à l'acte. Car, en cinq ans chez lui, nous nous sommes toujours vouvoyés, il n'a jamais posé la main sur moi, tout était scrupuleusement platonique. »

On a peine à croire le récit qui va suivre, tout au long du parcours de Sonia chez cet homme, les erreurs thérapeutiques et entorses déontologiques s'accumulent. On ne sait pas trop ce qui a pu faire rester cette jeune femme dynamique attachée à cet homme qui la manipulait.

« A l'époque, je croyais que je l'aimais, mais il me semble, avec le recul que j'étais hélas très dépendante car très seule dans ma vie personnelle et perdue. Je voulais guérir à toutes forces et quand je suis "tombée amoureuse" de lui, il m'a dit que c'était normal, que c'était le "transfert". Il m'a aussi exhortée à "lâcher prise", "à me laisser aller". Et pour cause ! A présent, je ne peux plus faire confiance à quelqu'un qui me le demande, précisément parce qu'il me le demande. En fait, rien n'était normal dans ses pratiques. Si je suis tombée amoureuse de lui, c'est parce qu'il m'a fait croire dès le début que j'étais spéciale pour lui, que je n'étais pas comme les autres patientes — je dis bien *"patientes"*, car de son propre aveu il «*préférait soigner les jolies femmes*» et chez lui les hommes ne restaient pas ou en tout cas semblaient rares. Il a commencé par me raconter une histoire à dormir debout selon laquelle, lorsqu'il avait fait son service en Algérie, il aurait capturé un petit fennec qui n'aurait accepté de manger qu'après de longues heures d'apprivoisement et de me comparer à ce charmant animal avec un long regard entendu. Aujourd'hui, je trouve ridicule la situation mais à l'époque, je ne sais pas comment ça c'est fait mais il m'a séduite et je l'ai cru. Toujours dans cette optique de me faire paraître spéciale à ses yeux, nous allions prendre un café avant chacune de mes séances et lui me disait qu'il ne faisait cela qu'avec moi. Pourtant, un jour, je l'ai surpris à faire la même chose avec une autre patiente, jeune et jolie bien sûr. Il a réagi tel un mari adultère pris en flagrant délit et a juré ses grands dieux qu'elle était avant tout une étudiante et qu'il ne la soignait pas.

De la même façon, j'arrivais à avoir des renseignements sur lui en dehors, par le biais de la fac. Je crois que ce qui a motivé alors la reprise de mes études c'est de pouvoir le croiser dans les couloirs de l'université et donc le voir davantage et hors séances. Nous avions des connaissances communes, nous nous sommes même retrouvés à deux ou trois fêtes ou conférences ensemble et j'ai pu constater à ces occasions combien il aimait "allumer" les jeunes femmes.

Deux années passèrent, mes symptômes d'angoisse ne régressaient pas d'un pouce, il prétendait qu'il fallait du temps, mais qu'en général une thérapie d'inspiration rogérienne guérit quelqu'un en trois ans au maximum. J'étais toujours fortement amoureuse de lui. Le pire dans ces situations, c'est qu'on se trouve un peu comme les adeptes des sectes, illuminé par une grâce qui n'est en réalité qu'une grossière illusion.

En deux ans il m'avait fait rompre avec mon petit ami et rendu totalement dépendante de tout ce qu'il pensait et disait, je ne prenais aucune décision sans le consulter, j'avais la possibilité de l'appeler chez lui à tout moment. Je me suis mise à lui écrire des poèmes toutes les semaines pour mieux le charmer, lui se rengorgeait. Quand je m'en rappelle aujourd'hui j'ai honte de moi, je me trouve stupide mais je crois qu'il a eu lui, une attitude encore plus nulle que la mienne. Comme la thérapie patinait, n'avançait pas, que les résultats escomptés n'étaient pas là et que, pire, j'allais plus mal contrairement à ce qu'il prétendait, je me suis dis qu'on ferait aussi bien de sortir ensemble, il s'est alors drapé dans la "déontologie", c'est là que j'ai commencé à entrevoir son hypocrisie. Un jour je l'ai menacé de tout arrêter — je savais pourtant que je n'en étais pas capable — alors il m'a avoué que oui, lui aussi *"n'était pas indifférent à ma personne"* mais qu'il fallait être raisonnable, que le plus important c'était la thérapie etc. Tandis qu'il parlait, je vis que de larges auréoles de sueur maculaient sa chemise ; avouer ses sentiments avait dû lui coûter terriblement pensais je alors, et j'en fus attendrie, à tort.

Les deux dernières années furent horribles, il les passa à tenter de me dissuader de continuer tout en me retenant. Lui-même, je crois, ne savait plus où il en était : il écourtait les séances, il me rembarrait, ne parlait pas pendant les séances. Mais je m'accrochais, plus exactement je ne pouvais plus partir. J'aurais aimé alors qu'il reconnaisse qu'il avait fait fausse route, qu'il m'envoie chez un collègue terminer le travail mais au contraire chaque fois que j'essayais de prendre le large, il me rappelait à mon domicile, il s'arrangeait pour me croiser à la fac. Quand je lui faisais des reproches il me disait que je me faisais des idées, que tout allait bien, que la thérapie suivait son cours que j'avais déjà fait beaucoup de progrès. A un moment j'ai cru devenir folle de tout ce non dit, cette hypocrisie. Son état de santé, à lui, en souffrit, il se mit à faire des infarctus à répétition, dans la seule quatrième année de ma thérapie, il en fit trois ou quatre. Il souffrait aussi du dos. Il rédigeait sa thèse mais bloquait sans cesse dessus et passait toutes mes séances à en parler. Nous n'en pouvions plus sauf que des deux, c'était lui le professionnel et pas moi.

Je crois que ce qui m'a permis de le quitter définitivement c'est d'être confrontée à la vérité si brutale fut elle alors.

Un soir, je décidai, comme souvent, d'aller parler "de lui" avec ma copine, celle qui m'avait amené chez lui, pour essayer de comprendre. On bu quelques verres et elle m'avoua qu'elle aussi en avait marre de ce "charlot", ce furent ses mots. Elle me raconta alors qu'il l'avait hypnotisée lors d'une séance précédente et que, durant la transe, il lui avait fait faire une fellation à un homme sans visage, comme elle était très en colère, il s'excusa platement et lui avoua « qu'il y avait été peut-être un peu trop fort » car elle lui rappelait étrangement « ce petit fennec qu'il avait dut apprivoiser très doucement lors de son service militaire en Algérie ». Même phrase, même technique d'enrobage, pas de doute j'avais à faire à un faussaire, ce genre de type qui débite le même boniment à toutes les filles qu'il croise dans l'espoir d'une bonne fortune sexuelle. En plus j'étais très choquée de l'histoire de la fellation sous hypnose. La séance suivante je lui racontai ma soirée et le sommai de s'expliquer. Il me dit que tout était normal, qu'il avait le droit d'utiliser la même histoire pour les besoins de la thérapie et que mon amie avait grand besoin de se « décoincer sexuellement », ce sont ses propres paroles.

Je le quittai en larmes non sans lui avoir dit qu'il s'était conduit de la plus dégueulasse et anti professionnelle des façons. Pour toute réponse il rétorqua sans oser me regarder en face : *« On n'a pas idée de se faire souffrir comme ça »*. C'est la dernière fois que le vis.

Je me suis retrouvée chez un psychiatre qui m'a mise sous antidépresseurs, à cette époque, j'ai pensé me suicider tant ma douleur a été profonde et ma déception terrible, je me rappelle avoir été à la gare, dans l'intention de me jeter sous le train, c'est parce que j'aime trop la vie que je ne l'ai pas fait. J'ai quitté la ville ou cela s'est passé, j'ai pris quinze kilos, j'ai souffert de véritables crises de manque avec sueurs froides nausée et diarrhées à l'appui pendant les dix jours qui suivirent. Les cinq années qui suivirent furent totalement influencées par ce que j'avais subi. J'ai épousé un homme que je n'aurais pas du épouser parce qu'il était un bon copain et qu'il ne me ferait pas de mal, ce qui s'est soldé ensuite par un divorce. Je suis restée de longues années sous anti dépresseurs. J'ai conservé une blessure de cette époque, elle me fait toujours mal, il y a l'avant et il y a l'après. Cet homme m'a pris mes illusions et m'a laissée meurtrie et affaiblie. Et surtout, je ne peux plus aujourd'hui faire confiance à aucun psy ni même à aucun médecin. Je sais qu'un

professionnel peut utiliser sa fonction pour abuser d'un patient et cela seul me suffit. »
(*Sonia, 42 ans, responsable des ventes*)

TRAITEMENT DE CHARME CONTRE LE SIDA

Que dire aussi de ce pseudo thérapeute, s'infiltrant dans cette famille de chercheurs totalement désorientés par la maladie de leur enfant. Mona est étudiante elle a contracté le sida, suite à une transfusion sanguine après un banal accident de la circulation, dans les années 80. Le psy en question, nous l'appellerons Robert, rencontre Mona lors d'une fête chez des amis alors qu'elle se bat depuis déjà deux ou trois ans contre la maladie. Robert fait montre d'une personnalité de « flambeur », il roule en décapotable et malgré une quarantaine bien tassée, préfère fréquenter des jeunes gens. Il se dit psychothérapeute. En fait nul ne sait s'il possède le moindre diplôme car dans ces années, beaucoup de charlatans peuvent parfaitement apposer leur plaque au soleil sans souffrir du moindre contrôle. Mais là n'est pas le propos puisque ce que Robert a tenté de faire avec Mona, d'autre psys reconnus et diplômés l'ont fait avant lui. Robert entame un flirt avec la jeune fille, qui par honnêteté, le met au courant de son état. Le renard flaire l'aubaine, les parents de Mona sont très aisés. Robert, on le saura plus tard, a pour habitude de « faire le coucou », cet oiseau qui pond ses œufs dans le nid des autres, détrônant la couvée d'origine au bénéfice de ses seuls oisillons. Il parasite ainsi plusieurs foyers de la région, allant prendre le petit déjeuner — coquin — chez l'épouse de l'un qu'il « soigne » pour impuissance, passant la matinée avec un autre dans l'unique but de se faire inviter à déjeuner pour enfin se consacrer l'après-midi durant au cas épineux d'une vieille dame qui l'a couché... sur son testament. De son propre aveu, il ne passe quasiment pas deux jours d'affilées chez lui, servi par un caractère en apparence affable et facile.

Pour parfaire son arsenal de manipulateur, Robert est versé dans toutes les médecines parallèles possibles et imaginables, des plantes à la PNL en passant par l'ésotérisme. Entendons nous bien, aucune de ces pratiques n'est en soi condamnable si ce n'est lorsqu'elle est utilisée pour manipuler autrui. Lors d'une romantique balade au clair de lune, Robert annonce à Mona qu'il possède un remède infaillible, par la suggestion, pour la guérir et renforcer ses défenses immunitaires. Affaiblie, terrassée par l'injustice du sort, la jeune fille ne tarde pas à se laisser convaincre par le conte de fée. De plus, son nouvel ami est en tous point adorable, il la sort dans sa décapotable, l'accompagne à toutes les fêtes étudiantes, avec lui, elle a effectivement l'impression qu'elle n'est plus malade. Il lui demande de laisser tomber son traitement — davantage pour asseoir sa totale emprise sur Mona et l'empêcher de rencontrer d'autres médecins que lui même que pour de réelles raisons thérapeutiques. Mona hésite, son père est un scientifique, comment prendra-t-il cette bizarre injonction thérapeutique ? Elle présente Robert à ses parents. Notre Monsieur Purgon est ravi, l'appartement des parents de Mona est très à son goût. Malheureusement, le coucou tombe rapidement sur un os. Même si la mère et la tante de Mona lui sont à priori favorables — Mona semble si épanouie depuis qu'elle le connaît — le père de Mona entre dans une fureur noire à l'idée de voir sa fille interrompre son traitement médicamenteux. Il entraîne l'infortuné charlatan sur le terrain scientifique et démantèle complètement son système. Preuve que celui-ci ne peut fonctionner qu'avec une foi aveugle. Ce soir-là Robert ne finira même pas le dîner familial, il quitte la place, penaud. On le retrouvera quelques années plus tard, répétant à qui veut l'entendre et sans aucune pudeur que Mona ne serait pas morte aujourd'hui si elle avait suivi une thérapie chez lui. On peut imaginer aussi le contraire : que serait-il advenu de Mona si celle-ci, dès 90, avait interrompu son traitement ? (*Mona est décédée du Sida à l'âge de 24 ans*)

IL PRESCRIT PLUS VITE QUE SON OMBRE

Céline et sa famille ont sorti sa mère des « griffes » d'un psychiatre qui était en train de la rendre complètement dépendante des médicaments. « Ma mère a toujours été et sera toujours dépressive. Mon père et ma sœur mon frère et moi en avons pris notre parti. J'ai toujours connu ma mère « en crise » et prenant des médicaments, somnifères pour dormir et autres, pourtant, vers 97, il y a eut un épisode qui m'a fait particulièrement peur. Elle était soignée par notre médecin de famille et pendant trois jours elle a pris plus de médicaments que d'habitude et est restée enfermée dans sa chambre pendant tout ce temps, négligeant la maison, je devais m'occuper de tout, y compris de ma jeune sœur, alors une enfant et je passais mon bac. Nous avons eu peur, ma mère ne mangeait plus, dormait le jour, prenait des cachets pour la nuit, titubait, n'était plus fiable pour rien. Je n'en pouvais plus. J'ai dit à mon père qu'il aille en parler au médecin généraliste. Celui-ci décida de faire interner ma mère. Le remède fut pire que le mal, car celle-ci se retrouva à côté de psychotiques et de toxicomanes, ce qui n'a pas dû la rassurer. Mais le plus grave est qu'à l'issu de ce séjour à l'hôpital, elle fut suivie par un psychiatre qui contribua selon moi à l'enfoncer dans sa maladie.

Quand elle revint à la maison, on s'est très vite aperçu que non seulement elle n'allait pas mieux, mais qu'elle prenait encore plus de médicaments qu'avant. Elle avalait chaque jour un antidépresseur type Prozac, du Tranxene et du lexomil. Je ne me rappelle plus les dosages mais il y avait beaucoup de pilules. Elle avait tout un rituel pour prendre ses médicaments, elle les étalaient sur la table, quand elle faisait ça je quittais la pièce je ne pouvais pas le supporter. Après je suis allée à la fac, je n'habitais plus chez mes parents. J'avais des nouvelles par mon père et mon frère mais celles-ci n'étaient pas bonnes, ma mère ne décrochait pas des médicaments et ils disaient que le psychiatre chez lequel elle se rendait lui prescrivait hardiment tout cela et que depuis qu'elle était chez lui, elles accusait mon père et nous d'être responsables de tout ses malheurs, la vie à la maison était devenue encore plus infernale. Alors je suis allée voir cet homme sous un faux nom pour voir à quoi il ressemblait. La première impression a été mauvaise, il ne m'inspirait pas confiance. Je me suis présentée comme une étudiante stressé par ses examens et légèrement dépressive. Il m'a alors posé une série de questions, si je dormais bien, si je pleurais souvent. Ça n'a pas duré plus de vingt minutes, je l'ai trouvé très superficiel, ça ressemblait à un questionnaire type qu'on aurait pu administrer à n'importe qui. Je faisais exprès d'atténuer les symptômes en lui répondant, pour apparaître comme très légèrement dépressive. A la fin, pour aller plus loin, je lui ai dit que j'avais un problème relationnel avec ma mère. Il a coupé court et sortit tout de suite son ordonnancier, il m'a prescrit du Prozac et du Lexomil, les mêmes médicament qu'à ma mère !

Je suis alors allée voir notre médecin de famille, un généraliste, pour lui dire ce que je pensais du psy de ma mère. Notre médecin a réussi à parler à ma mère qui a convenu que ce psy lui donnait trop de médicaments. Une fois qu'elle lui a dit qu'elle souhaitait interrompre ses visites chez lui, le psychiatre a relancé ma mère chez nous, par téléphone !

Ma mère a dès lors été prise en charge par notre médecin de famille qui lui a fait progressivement abandonner la plupart de ses médicaments. Elle ne prend aujourd'hui que du Zoloft 50, elle s'est remise à travailler. Je pense que ce qui l'a aidée à s'en sortir est davantage de l'ordre de la conjoncture, mes grands-parents ont eu besoin d'elle, cela l'a occupée, sur cette vague favorable, notre généraliste a pu faire le nécessaire.

Bibliographie

ANONYMA, « Séductions sur le divan », éditions de la Découverte, 1989.

AUGERON Joëlle, « Mon analyste et moi », Lieu commun, 1989.

BARDON Agnès, « Ma psychanalyse est terminée », Bayard, 2003.

BÉNESTEAU Jacques, « Mensonges Freudiens », Mardaga, 2002.

BOURGERON Jean-Pierre, « Marie Bonaparte », Presses Universitaires France, 1997.

CARDINAL Marie, « Les mots pour le dire », Grasset, 1975

CASTEL Robert, « Le psychanalysme », La découverte, 1976.

DONNER Christophe, « L'Empire de la morale », Grasset, 2001

FRANK J, « Persuasion and healing ». Baltimore : Johns Hopkins Press. 1961

FRISCHER Dominique, « Les analysés parlent », Stock, 1977.

GENTIS Roger, « N'être », Flammarion, 1977

HADDAD Gérard, « Le jour où Lacan m'a adopté », Grasset, 2002.

JAMIS Rauda, « Ce qui me gêne avec les psys », JC Lattès, 2003.

JOULE RV et Beauvois J. L, « Petit traité de manipulation à l'usage des honnêtes gens », Presses universitaire de Grenoble, collection « vies sociales », 1987.

LACAN Sibylle, « Un père, puzzle », Gallimard 1994, Folio n° 2923 – 2001.

LÉZÉ Samuel, « Le travail des psychanalystes », in : Face à Face, n° 6, 2003

LÉZÉ Samuel, Compte rendu de : Markos Zafiropoulos. *Lacan et les sciences sociales, Le déclin du père (1938-1953)*, PUF, 2001, dans *L'Homme*, 163/2002 : 250-51

Le livre noir de la psychanalyse, coll, sous la direction de Catherine Meyer, les arènes, 2005.

MEHL Dominique, « La Bonne parole », La Martinière, 2003.

ROUDINESCO Elisabeth, « Le patient, le thérapeute et l'Etat », Fayard, 2004.

SANDORI Claudie « Le soleil aveugle, existe-t-il des psychanalystes qui rendent fou ? », L'Harmattan, 1992.

SICHLER Liliane, « Le parti psy prend le pouvoir », Grasset, 1997

SIDOUN Paul, « Guérir… mais de quoi, les psys face au doute », Autrement (mutations), coll, 2004.

TURKLE Sherry, « La France freudienne », Fayard, 1981.

VAN RILLAER Jacques « *Les illusions de la psychanalyse* », Mardaga, 1980.

VOGEL Norbert, « La Mal Psy », Presses de la renaissance, 2003.

WATZLAWICK, Weakland, Fisch « Changements, Paradoxes et psychothérapie », Essais Points, 1975.

ZARIFIAN Edouard « Les jardiniers de la folie », Points Seuil, 1994.

ARTICLES DE PRESSE

« Les dossiers de l'audiovisuel », La documentation française, « Psys et medias sont ils compatibles », sept oct 2003.

Le Point du 12 février 2004 — N° 1639 — Page 64

Dossier du Nouvel Observateur, article d'Ursula Gauthier, semaine du jeudi 16 décembre 2004. N° 2093.

« Un lieu régressif et mortifère », Interview par Hélène Marzolf dans Télérama de la psychanalyste Kathleen kelley-Lainé, Télérama n° 2679 Paris 19-25 Mai 2001.

« Les psys font de la résistance » de Marie Huret in l'Express du 18 décembre 2003

« Les candidats sont en danger », article d'Eric Favereau interviewant le psychiatre Serge Hefez, Libération 31 mai 2001.

« Psychodrame chez les psys » de Gilbert Charles in l'Express du 28 mars 2005

« Jacques-Alain Miller, Gendre de droit divan » de Nicolas Beau, Le Canard Enchaîné, Mercredi 18 Mai 2005.

« La psychanalyse remporte une victoire par KO » de Pascal Ceaux, Le Monde, 04 juin 2005

« La guerre des psys » de Gilbert Charles in L'Express du 05 septembre 2005

« Soupçons sur l'héritier de Lacan Quand le fisc analyse le psy » d'Oliver Toscer in Le Nouvel Observateur, Semaine du jeudi 27 octobre 2005 — n° 2138, Notre époque

FILMOGRAPHIE

« Frances », 1982, de Graeme Clifford avec Jessica Lange.

« Paradis pour tous », 1984, d'Alain Jessua avec Jacques Dutronc et Patrick Dewaere.

« L'homme créa la femme », 2005, de Frank Oz, avec Nicole Kidman

« Prête à tout », 1995, de Gus van Sant, avec Nicole Kidman.

« Psy », 1982, de Philippe de Broca, avec Fanny Duperey et Patrick Dewaere.

Table des matières

Pour en finir avec le pouvoir des psys 7

Pourquoi ce livre ? 7
A quoi servent les psys ? 11
Qui sont les patients ? 12
Pourquoi faut-il se méfier du « discours psy » 13

Qui sont « les psys » ? 17

Freud, le père fondateur 18
Psychiatres et psychanalystes, le haut du panier 18
Les psychologues, la fac de la France d'en bas 21
La tortue de la fable : les psychothérapeutes 22
Ce que le patient doit retenir de tout cela 23

Les pratiques psy renvoient à des pratiques totalitaires . 27

Adoubements féodaux ou le terrorisme de « la passe » . . 27
Charges héréditaires, dynasties, signes de reconnaissance . 29
L'affaire de l'Inserm, censure à la française 31
Rétention d'information 33
Omerta et dogmatisme 34
Listes noires et milices secrètes 35
Tout détracteur est susceptible d'être soluble
   dans la nébuleuse 37
Le principe du bouc émissaire 37

Les psy et l'argent, psy business 43

Les impôts, noir c'est noir 44
La farce Freudo-sphinctérienne 45

Les labos en coulisses 47
Produits dérivés et partenariats 50

**Les psys cautions des médias,
les medias relai de l'idéologie «psy»** 53

Psys et journalistes intimement mêlés 54
De Psy show à la téléréalité : le pompiste éjaculateur
    précoce en prime time 55
Le loft, et la France se tait 57
Au cinéma et dans la presse écrite 59
Une idéologie douteuse et envahissante 60
Affaire Bénesteau contre Roudinesco 63

Femmes sous influence : des psys et des femmes 73

La femme est une hystérique 74
France Farmer, lobotomisée 75
Les doubles journées de la femme : on craquerait à moins ! 76
Sylvie, trop fusionnelle avec son enfant... 77
Le sexe, le même cheval de bataille que l'église 80
Ma fille est une vraie femme : Elle l'«a déjà fait» 81
La femme cette belle bagnole 82

La vie privée des psys n'est pas un exemple 85

Les psys, lamentables éducateurs 85
Sibylle Lacan 86
Christophe Donner, «L'Empire de la morale» 88
Cédric, enfant battu 90
Une fille «bonne à rien» 91
Les psys et le mariage 92
Séductions sur le divan 94

Les illusions qui font les thérapies sans fin ou abusives . 99

La guérison à l'aune de la psychanalyse 99
Le bonheur 103

Vous allez guérir 103
Vous allez connaître « la vraie vie » 103
Vous allez vous libérer 105
Vous allez comprendre « pourquoi » 107

Le mot de la défense 109

Malaise chez les psychiatres 109
Trop de pouvoir, pas assez de loi 111
Des patients consommateurs 112

PAROLES DE PATIENTS

Vous leur parlez mais ils n'y comprennent rien 115

« Sois sage Ô ma douleur » 117
Lutte des classes 119
La morale de L'Anafranil 120
Voyage dans le brouillard 122
Dracula chef de clinique 124

Vous leur parlez mais ils s'en fichent 127

Trois ans de silence 127
Montre en main 128
Débordés 129
Le goujat 129
Gardez vos distances 130
La chasse au patient 131
Qui veut la fin a les moyens 131

Vous vous confiez à eux ils vous manipulent 135

Business man 135
Jeux de mains, jeux de vilains 137
Le gourou juché sur son trône 138

Ne vous confiez jamais à eux 143

Le pédophile 143
Bad lieutenant 144
Tabassages 145
L'allumeur allumé : histoire d'une dépendance 145
Traitement de charme contre le sida 151
Il prescrit plus vite que son ombre 152

Bibliographie 155

CHEZ LE MÊME ÉDITEUR

PSYCHOLOGIE ET SCIENCES HUMAINES
collection publiée sous la direction de MARC RICHELLE

1 Dr Paul Chauchard : LA MAITRISE DE SOI. 9e éd.
7 Paul-A. Ostrrieth : FAIRE DES ADULTES. 21e éd.
9 Daniel Widlöcher : L'INTERPRETATION DES DESSINS D'ENFANTS. 13e éd.
11 Berthe Reymond-Rivier : LE DEVELOPPEMENT SOCIAL DE L'ENFANT ET DE L'ADOLESCENT. 13e éd.
22 H.T. Klinkhamer-Steketée : PSYCHOTHERAPIE PAR LE JEU. 4e éd.
24 Marc Richelle : POURQUOI LES PSYCHOLOGUES ? 6e éd.
25 Lucien Israel : LE MEDECIN FACE AU MALADE. 5e éd.
27 B.F. Skinner : LA REVOLUTION SCIENTIFIQUE DE L'ENSEIGNEMENT. 3e éd.
38 B.-F. Skinner : L'ANALYSE EXPERIMENTALE DU COMPORTEMENT. 2e éd.
40 R. Droz et M. Rahmy : LIRE PIAGET. 7e éd.
42 Denis Szabo, Denis Gagné, Alice Parizeau : L'ADOLESCENT ET LA SOCIETE. 2e éd.
43 Pierre Oléron : LANGAGE ET DEVELOPPEMENT MENTAL. 2e éd.
49 T. Ayllon et N. Azrin : TRAITEMENT COMPORTEMENTAL EN INSTITUTION PSYCHIATRIQUE
59 Jacques Van Rillaer : L'AGRESSIVITE HUMAINE
64 X. Seron, J.L. Lambert, M. Van der Linden : LA MODIFICATION DU COMPORTEMENT
65 W. Huber : INTRODUCTION A LA PSYCHOLOGIE DE LA PERSONNALITE. 7e éd.
66 Emile Meurice : PSYCHIATRIE ET VIE SOCIALE
68 P. Sifnéos : PSYCHOTERAPIE BREVE ET CRISE EMOTIONNELLE
69 Marc Richelle : B.F. SKINNER OU LE PERIL BEHAVIORISTE
70 J.P. Bronckart : THEORIES DU LANGAGE
71 Anika Lemaire : JACQUES LACAN. 8e éd. revue et augmentée.
72 J.L. Lambert : INTRODUCTON A L'ARRIERATION MENTALE
73 T.G.R. Bower : DEVELOPPEMENT PSYCHOLOGIQUE DE LA PREMIERE ENFANCE. 4e éd.
74 J. Rondal : LANGAGE ET EDUCATION
75 Sheila Kitzinger : PREPARER A L'ACCOUCHEMENT
76 Ovide Fontaine : INTRODUCTION AUX THERAPIES COMPORTEMENTALES
77 Jacques-Philippe Leyens : PSYCHOLOGIE SOCIALE, nouvelle édition 1997
78 Jean Rondal : VOTRE ENFANT APPREND A PARLER. 3e éd.
79 Michel Legrand : LE TEST DE SZONDI
80 H.J. Eysenck : LA NEVROSE ET VOUS
81 Albert Demaret : ETHOLOGIE ET PSYCHIATRIE
82 Jean-Luc Lambert et Jean A. Rondal : LE MONGOLISME. 4e éd.
84 Xavier Seron : APHASIE ET NEUROPSYCHOLOGIE
85 Roger Rondeau : LES GROUPES EN CRISE ?
86 J. Danset-Léger : L'ENFANT ET LES IMAGES DE LA LITTERATURE ENFANTINE
87 Herbert S. Terrace : NIM. UN CHIMPANZE QUI A APPRIS LE LANGAGE GESTUEL
88 Roger Gilbert : BON POUR ENSEIGNER ?
89 Wing, Cooper et Sartorius : GUIDE POUR UN EXAMEN PSYCHIATRIQUE
90 Jean Costermans : PSYCHOLOGIE DU LANGAGE
91 Françoise Macar : LE TEMPS, PERSPECTIVES PSYCHOPHYSIOLOGIQUES
92 Jacques Van Rillaer : LES ILLUSIONS DE LA PSYCHANALYSE. 4e éd.
93 Alain Lieury : LES PROCEDES MNEMOTHECHNIQUES
94 Georges Thinèse : PHENOMENOLOGIE ET SCIENCE DU COMPORTEMENT
95 Rudolph Schaffer : COMPORTEMENT MATERNEL
96 Daniel Stern : MERE ET ENFANT, LES PREMIERES RELATIONS. 3e éd.
98 Jean-Luc Lambert : ENSEIGNEMENT SPECIAL ET HANDICAP MENAL
99 Jean Morval : INTRODUCTION A LA PSYCHOLOGIE DE L'ENVIRONNEMENT

100 Pierre Oleron *et al.* : SAVOIRS ET SAVOIR-FAIRE PSYCHOLOGIQUES CHEZ L'ENFANT
101 Bernard I. Murstein : STYLES DE VIE INTIME
102 Rondal/Lambert/Chipman : PSYCHOLINGUISTIQUE ET HANDICAP MENTAL
103 Brédart/Rondal : L'ANALYSE DU LANGAGE CHEZ L'ENFANT. 2e *éd.*
104 David Malan : PSYCHODYNAMIQUE ET PSYCHOTHERAPIE INDIVIDUELLE
105 Philippe Muller : WAGNER PAR SES REVES
106 John Eccles : LE MYSTERE HUMAINK
107 Xavier Seron : REEDUQUER LE CERVEAU
108 Moreau/Richelle : L'ACQUISITION DU LANGAGE. 5e *éd.*
109 Georges Nizard : ANALYSE TRANSACTIONNELLE ET SOIN INFIRMIER
110 Howard Gardner : GRIBOUILLAGES ET DESSINS D'ENFANTS, LEUR SIGNIFICATION. 3e *éd.*
111 Wilson/Otto : LA FEMME MODERNE ET L'ALCOOL
112 Edwards : DESSINER GRACE AU CERVEAU DROIT. 9e *éd.*
114 Blancheteau : L'APPRENTISSAGE CHEZ L'ANIMAL
115 Boutin : FORMATION ET DEVELOPPEMENTS
116 Húsen : L'ECOLE EN QUESTION
117 Ferrero/Besse : L'ENFANT ET SES COMPLEXES
118 R. Bruyer : LE VISAGE ET L'EXPRESSION FACIALE
119 J.P. Leyens : SOMMES-NOUS TOUS DES PSYCHOLOGUES ?
120 J. Château : L'INTELLIGENCE OU LES INTELLIGENCES ?
121 M. Claes : L'EXPERIENCE ADOLESCENTE
122 J. Hayes et P. Nutman : COMPRENDRE LES CHOMEURS
123 S. Sturdivant : LES FEMMES ET LA PSYCHOTHERAPIE
124 A. Pomerleau et G. Malcuit : L'ENFANT ET SON ENVIRONNEMENT
125 A. Van Hout et X. Seron : L'APHASIE DE L'ENFANT
126 A. Vergote : RELIGION, FOI, INCROYANCE
127 Sivadon/Fernandez-Zoïla : TEMPS DE TRAVAIL, TEMPS DE VIVRE
129 Hamers/Blanc : BILINGUALITE ET BILINGUISME
130 Legrand : PSYCHANALYSE, SCIENCE, SOCIETE
131 Le Camus : PRATIQUES PSYCHOMOTRICES
132 Lars Fredén : ASPECTS PSYCHOSOCIAUX DE LA DEPRESSION
133 Mount : LA FAMILLE SUBVERSIVE
135 Dailly/Moscato : LETARELISATIONE T LATERALITE CHEZ L'ENFANT
136 Bonnet/Tamine-Gardes : QUAND L'ENFANT PARLE DU LANGAGE
137 Bruyer : LES SCIENCES HUMAINES ET LES DROITS DE L'HOMME
138 Taulelle : L'ENFANT A LA RENCONTRE DU LANGAGE
139 de Boucaud : PSYCHOLOGIE DE 'LENFANT ASTHMATIQUE
140 Duruz : NARCISSE EN QUETE DE SOI
143 Debuyst : MODELE ETHOLOGIQUE ET CRIMINOLOGIE
144 Ashton/Stepney : FUMER
145 Winkel *et al.* : L'IMAGE DE LA FEMME DANS LES LIVRES SCOLAIRES
146 Bideau/Richelle : PSYCHOLOGIE DEVELOPPEMENTALE
147 Schmid-Kitsikis : THEORIE CLINIQUE ET FONCTIONNEMENT MENTAL
148 Guggenbühl/Craig : POUVOIR ET RELATION D'AIDE
149 Rondal : LE LANGAGE ET COMMUNICATION CHEZ LES HANDICAPES MENTAUX
150 Moscato *et al.* : FONCTIONNEMENT COGNITIF ET INDIVIDUALITE
151 Château : L'HUMANISATION OU LES PREMIERS PAS DES VALEURS HUMAINES
152 Avery/Litwack : NEE TROP TOT
154 Kellens : QU'AS-TU FAIT DE TON FRERE ?
155 Rondal/Henrot : LE LANGAGE DES SIGNES. 2e *éd.*
156 Lafontaine : LE PARTI PRIS DES MOTS
157 bonnet/Hoc/Tiberghien : AUTOMATIQUE, INTELLIGENCE ARTIFICIELLE ET PSYCHOLOGIE
158 Giovannini *et al.* : PSYCHOLOGIE ET SANTE
159 Wilmotte *et al.* : LE SUICIDE
160 Giurgea : L'HERITAGE DE PAVLOV

161 Ionescu : MANUEL D'INTERVENTION EN DEFICIENCE MENTALE N° 1
162 Ionescu : MANUEL D'INTERVENTION EN DEFICIENCE MENTALE N° 2
163 Pieraut-Le Bonniec : CONNAITRE ET LE DIRE
164 Huber : PSYCHOLOGIE CLINIQUE AUJOURD'HUI
165 Rondal et al. : PROBLEMES DE PSYCHOLINGUISTIQUE
166 Slukin : LE LIEN MATERNEL
167 Baudour : L'AMOUR CONDAMNE
168 Wilwerth : VISAGES DE LA LITTERATURE FEMININE
169 Edwards : VISION, DESSIN, CREATIVITE. 3ᵉ éd.
170 Lutte : LIBERER L'ADOLESCENCE
171 Defays : L'ESPRIT EN FRICHE
172 Broome Walace : PSYCHOLOGIE ET PROBLEMES GYNECOLOGIQUES
173 Aimard : LES BEBES DE L'HUMOUR
174 Perruchet : LES AUTOMATISMES COGNITIFS
175 Bawin-Legros : FAMILLES, MARIAGE, DIVORCE
176 Pourtois/Desmet : EPISTEMOLOGIE ET INSTRUMENTATION EN SCIENCES HUMAINES. 2ᵉ éd.
177 Sloboda : L'ESPRIT MUSICIEN
178 Fraisse : POUR LA PSYCHOLOGIE SCIENTIFIQUE
179 Ruffiot : PSYCHOLOGIE DU SIDA
180 McAdams/Deliège : LA MUSIQUE ET LES SCIENCES COGNITIVES
181 Argentin : QUAND FAIRE C'EST DIRE...
182 Van der Linden : LES TROUBLES DE LA MEMOIRE
183 Lecuyer : BEBES ASTRONOMES, BEBES PSYCHOLOGUES : L'INTELLIGENCE DE LA 1ʳᵉ ANNEE
184 Immelmann : DICTIONNAIRE DE L'ETHOLOGIE
186 Fontana : GERER LE STRESS
187 Bouchard : DE LA PHENOMENOLOGIE A LA PSYCHANALYSE
188 Chanceaulme : MOURIR, ULTIME TENDRESSE
189 Rivière : LA PSYCHOLOGIE DE VYGOTSKY
190 Lecoq : APPRENTISSAGE DE LA LECTURE ET DYSLEXIE
191 de Montmolin/Amalberti/Theureau : MODELES DE L'ANALYSE DU TRAVAIL
193 Grégoire : EVALUER L'INTELLIGENCE DE L'ENFANT
194 Gommers/van den Bosch/de Aguilar : POUR UNE VIEILLESSE AUTONOME
195 Van Rillaer : LA GESTION DE SOI
196 Lecas : L'ATTENTION VISUELLE
197 Macquet : TOXICOMANIES ET FORMES DE LA VIE QUOTIDIENNE
198 Giurgea : LE VIEILLISSEMENT CEREBRAL
199 Pillon : LA MEMOIRE DES MOTS
200 Pouthas/Jouen : LES COMPORTEMENTS DU BEBE : EXPRESSION DE SON SAVOIR ?
201 Montangero/Maurice-Naville : PIAGET OU L'INTELLIGENCE EN MARCHE
202 Colin A. Epsie : LE TRAITEMENT PSYCHOLOGIQUE DE L'INSOMNIE
203 Samalin-Ambose : VIVRE A DEUX
204 Bourhis/Leyens : STEREOTYPES, DISCRIMINATION ET RELATIONS INTERGROUPES
205 Feltz/Lambert : ENTRE LE CORPS ET L'ESPRIT
206 Francès : MOTIVATION ET EFFICIENCE AU TRAVAIL
207 Houziaux : EDUCATION DU PATIENT ET ORDINATEUR
208 Roques : SORTIR DU CHOMAGE
209 Bléandonu : L'ANALYSE DES REVES ET LE REGARD MENTAL
210 Born/Deville/Mercier/Snad/Beeckmans : LES ABUS SEXUELS D'ENFANTS
211 Siguan : L'EUROPE DES LANGUES
212 de Bonis : CONNAÎTRE LES EMOTIONS HUMAINES
213 Retschitzki/Gurtner : L'ENFANT ET L'ORDINATEUR
214 Leyens/Yzerbyt/Schadron : STEREOTYPES ET COGNITION SOCIALE
215 Tiberghien : LA MEMOIRE OUBLIEE
216 Wynants : L'ORTHOGRAPHE, UNE NORME SOCIALE
217 Rondal : L'EVALUATION DU LANGAGE
218 Moreau : SOCIOLINGUISTIQUE, CONCEPTS DE BASE

219 Rouquette : LA CHASSE À L'IMMIGRE
220 Grubar/Duyme/Cote et al. : LA PRECOCITE INTELLECTUELLE DE LA MYTHOLOGIE A LA GENETIQUE. 2e éd.
221 Pomini et al. : THERAPIE PSYCHOLOGIQUE DES SCHIZOPHRENIES
222 Houdé et al. : DESCARTES ET SON ŒUVRE AUJOURD'HUI
223 Richelle : DEFENSE DES SCIENCES HUMAINES
224 Leclercq : POUR UNE PEDAGOGIE UNIVERSITAIRE DE QUALITE
225 Gillis : L'AUTISME ATTRAPE PAR LE CORPS
226 Pithon : LES TENDANCES ACTUELLES DE L'INTERVENTION PRECOCE EN EUROPE
227 Montangero : REVE ET COGNITION
228 Stern : LA FICTION PSYCHANALYTIQUE
229 Grégoire : L'EVALUATION CLINIQUE DE L'INTELLIGENCE DE L'ENFANT
230 Otte : LES ORIGINES DE LA PENSEE
231 Rondal : LE LANGAGE : DE L'ANIMAL AUX ORIGINES DU LANGAGE HUMAIN
232 Gauthier : POUVOIR ET LIBERTE EN POLITIQUE - ACTUALITE DE SPINOZA
233 Zazzo : UNE MEMOIRE POUR DEUX
234 Rondal : APPRENDRE LES LANGUES
235 Keller : PERCEVOIR : MONDE ET LANGAGE
236 Richard : PSYCHIATRIE GERIATRIQUE
237 Roussiau/Bonardi : LES REPRESENTATIONS SOCIALES
238 Liénard : L'INSERTION : DEFI POUR L'ANALYSE, ENJEU POUR L'ACTION
239 Santiag-Delefosse : PSYCHOLOGIE DE LA SANTE
240 Grosjean : VICTIMISATION ET SOINS DE SANTE
241 Edwards : DESSINER GRACE AU CERVEAU DROIT
242 Borillo/Goulette : COGNITION ET CREATION
243 Ranwet : VICTIMES D'AMOUR
244 Bénesteau : MENSONGES FREUDIENS
245 Jacob : LA CURIOSITE
246 Coquelle : LE PSY ET LE POLITIQUE
247 Colletta/Tcherkassof : LES ÉMOTIONS
248 Mantz-Le Corroller : QUAND L'ENFANT DE DIX ANS DESSINE SA FAMILLE
249 Rossier/De Fruyt/Rolland : PSYCHOLOGIE DE LA PERSONNALITÉ
250 Bourguignon : QUESTIONS ÉTHIQUES EN PSYCHOLOGIE
251 Defays/Deltour : LE FRANÇAIS LANGUE ÉTRANGÈRE ET SECONDE
252 Emilien : L'ANXIÉTÉ SOCIALE
253 Henriques : LA FORMATION DES RAISONS
254 Colletta : LE DÉVELOPPEMENT DE LA PAROLE CHEZ L'ENFANT ÂGÉ DE 6 À 11 ANS
255 Marquet : INFORMATIQUE ET ENSEIGNEMENT : PROGRÈS OU ÉVOLUTION ?
256 Sock/Vaxelaire : L'ANTICIPATION
257 Van den Bossche : DESSINE-MOI TON MONDE
258 Minet : DU DIVAN À LA SCÈNE

Manuels et Traités
Droz-Richelle : MANUEL DE PSYCHOLOGIE. 5e éd.
Rondal-Esperet : MANUEL DE PSYCHOLOGIE DE L'ENFANT. *Nlle éd.*
Rondal-Seron : LES TROUBLES DU LANGAGE. *Nlle éd.*
Fontaine-Cottraux-Ladouceur : CLINIQUES DE THERAPIE COMPORTEMENTALE. 2e éd.
Godefroid : LES CHEMINS DE LA PSYCHOLOGIE. 2e éd.
Seron-Jeannerod : NEUROPSYCHOLOGIE HUMAINE. 2e éd.